CB141704

Por que os líderes mentem

John J. Mearsheimer

Por que os líderes mentem

Toda a verdade sobre a mentira na política internacional

Apresentação à edição brasileira:
Merval Pereira

Tradução:
Alexandre Werneck
Departamento de Sociologia/UFRJ

ZAHAR

Tradução autorizada da primeira edição norte-americana, publicada
em 2011 por Oxford University Press, de Nova York, Estados Unidos

Grafia atualizada segundo o Acordo Ortográfico da Língua Portuguesa de 1990, que entrou em vigor no Brasil em 2009.

Título original
Why Leaders Lie: The Truth about Lying in International Politics

Capa
Bruna Benvegnù

Foto da capa
© Jon Feingers / Getty Images

Revisão
Tamara Sender
Sandra Mager

Indexação
Leonardo Lucas

CIP-Brasil. Catalogação na fonte
Sindicato Nacional dos Editores de Livros, RJ

Mearsheimer, John J.
M431p Por que os líderes mentem: toda a verdade sobre as mentiras na política internacional / John J. Mearsheimer; tradução de Alexandre Werneck. — 1ª ed. — Rio de Janeiro: Zahar, 2012.

Tradução de: Why Leaders Lie: The Truth About Lying in International Politics.
Inclui índice
ISBN 978-85-378-0610-4

1. Relações internacionais. 2. Aspectos morais e éticos. 3. Veracidade e falsidade – Aspectos políticos. 4. Ética política. I. Título.

CDD: 172.4
11-7577 CDU: 172.4

EDITORA SCHWARCZ S.A.
Praça Floriano, 19, sala 3001 — Cinelândia
20031-050 — Rio de Janeiro — RJ
Telefone: (21) 3993-7510
www.companhiadasletras.com.br
www.blogdacompanhia.com.br
facebook.com / editorazahar
instagram.com / editorazahar
twitter.com / editorazahar

Sumário

Apresentação

Merval Pereira

Este livro sobre a mentira como instrumento de política internacional, de John Mearsheimer, professor de ciência política e codiretor do Programa em Política de Segurança Internacional na Universidade de Chicago, trata de uma questão que vem sendo debatida pelo pensamento ocidental desde sempre e que hoje, na pós-modernidade dominada pelos avanços da tecnologia da informação, ganhou uma dimensão maior: o direito de o cidadão estar informado sobre as ações de seus governantes.

Paradoxalmente, sabe-se agora, pelas revelações de sua biografia autorizada, que Steve Jobs, um dos gurus da revolução tecnológica que permite a transparência das informações, vivia no que seus amigos chamavam de "campo de distorção da realidade", uma maneira delicada de dizer que ele tinha propensão a mentiras.

Há estudos que demonstram que dizer mentiras é um marco no desenvolvimento cognitivo de uma criança. O ato de mentir estaria ligado ao desenvolvimento de regiões do cérebro que permitem maior capacidade de raciocínio e argumentação.

Duas conclusões básicas do livro de Mearsheimer são que os líderes de países democráticos mentem mais do que os autocratas, simplesmente porque os ditadores controlam as informações, e os democratas precisam ganhar o apoio dos cidadãos para tomar decisões; e que líderes políticos e seus representantes diplomáticos dizem a verdade mais do que mentem entre si.

Ou melhor: a mentira tem seus limites como ferramenta de governo nas relações internacionais. Prova disso é o recente comentário do presidente da França, Nicolas Sarkozy, flagrado por jornalistas em reunião do G-20 dizendo ao presidente dos Estados Unidos, Barack Obama, que não aguentava mais o primeiro-ministro de Israel, Binyamin Netanyahu, a quem considerava "um mentiroso".

Em uma entrevista, Mearsheimer faz referência às revelações nos últimos meses, pelo site WikiLeaks, de telegramas com troca de mensagens de diplomatas dos Estados Unidos.

O sociólogo espanhol Manuel Castells, um dos maiores especialistas em novas tecnologias de informação, considera que os vazamentos do WikiLeaks não colocaram em jogo a segurança dos Estados, já que nada do que foi revelado põe em perigo a paz mundial nem era ignorado nos círculos de poder. O que se debate, segundo ele, é o direito do cidadão de saber o que fazem e pensam seus governantes.

O livro de John Mearsheimer, no entanto, se debruça sobre o que ele chama de "mentiras estratégicas", que, na opinião do autor, têm pelo menos "um mínimo de legitimidade".

Uma das muitas facetas dessas mentiras "para o bem da pátria" é a difusão do medo. Castells, baseado em estudos da neurociência, afirma que o medo é a emoção primária fundamental, a mais importante de nossa vida a influenciar a maneira como recebemos as informações.

E Mearsheimer diz que os líderes por vezes exageram o poderio de seu país para deter adversários ou até mesmo agir coercitivamente sobre eles.

Como exemplo bem-sucedido, ele cita a mentira de Hitler sobre a capacidade de suas Forças Armadas durante a década de 1930, a fim de desencorajar a interferência de Grã-Bretanha e França no seu projeto de rearmamento.

O ditador Saddam Hussein, por sua vez, pode ter sido vítima dessa estratégia, ao estimular a difusão de informações sobre supostas armas de destruição em massa do Iraque. No mesmo episódio histórico, o ex-presidente dos Estados Unidos George W. Bush mentiu sobre a existência dessas armas, para ter uma justificativa de invadir o Iraque.

Além do episódio da guerra do Iraque, Mearsheimer cita outras duas ocasiões em que os presidentes dos Estados Unidos mentiram com o intuito de levar o país à guerra.

Em setembro de 1941, o presidente Franklin Roosevelt mentiu sobre um incidente entre um navio americano e um submarino alemão para convencer a população a apoiar a entrada do país na Segunda Guerra Mundial, mas mesmo assim não conseguiu mobilizar a opinião pública. Somente após o ataque japonês a Pearl Harbor, meses depois, obteve esse apoio.

Em 1964, Lyndon Johnson mentiu sobre o incidente no Golfo de Tomquim para envolver os Estados Unidos no Vietnã.

Na discussão sobre a ética na política sobressai a distinção, na clássica definição do sociólogo alemão Max Weber no livro *A política como vocação*, entre a "ética da convicção", aquela dos princípios morais aceitos em cada sociedade, e a "ética da responsabilidade", que prevaleceria na atividade política.

O filósofo italiano Norberto Bobbio, na sua *Teoria geral da política*, alerta que nenhuma das teses que existem para justificar a disparidade entre a ética da sociedade e a da política "considera que o objetivo da ação política seja o poder pelo poder". Bobbio ressalta em *O final da longa estrada* que para o próprio Maquiavel, a ação política que estiver fora do código moral ao qual está submetido o comum dos mortais só se justifica se tem por fim "as coisas grandes".

A corrupção, que está no centro de toda disputa sobre moral na política, não encontra respaldo em teorias, adverte Bobbio. Mas sempre é possível justificar uma ilegalidade com uma "grande causa".

O próprio Max Weber, embora considere a ética da responsabilidade típica da política, diz que na ação de um grande político a ética da convicção e a ética da responsabilidade não podem se dissociar.

Para esclarecer esse traço essencial das teorias morais da política, Norberto Bobbio diz que nada é mais útil do que lembrar o pensamento do alemão Immanuel Kant: "A política diz '*sejam prudentes como cobras*'; a moral acrescenta como condição limitativa, '*e sem malícia, como as pombas*'."

Em *A República*, Platão afirma que os governantes têm o direito de não dizer a verdade para os cidadãos, e até mesmo de mentir. "Se compete a alguém mentir, é aos líderes da cidade, no interesse da própria cidade, em virtude dos inimigos ou dos cidadãos", escreveu o filósofo grego, objetando, porém, que "a todas as demais pessoas não é lícito esse recurso."

O pensador francês Benjamin Constant manteve um debate famoso com Kant sobre um suposto "direito de mentir". Constant defendeu o uso da mentira em situações "filantrópicas". Para Kant, a mentira era "a maior violação do dever do ser humano para consigo mesmo".

Já para Friedrich Nietzsche, precisamos da mentira para viver neste mundo "falso, cruel, contraditório, persistente e absurdo".

Governos muitas vezes se utilizam do que Mearsheimer chama de tipos de "enganação" que não são mentiras: a omissão e a torção. Omitem ou distorcem, quando não mentem simplesmente, para colocar em prática uma política que não tenha apoio popular, mas que consideram a mais correta para o momento, ou inevitável.

Há exemplos históricos, que não estão no livro, mas que ilustram bem as "mentiras estratégicas" a que se refere Mersheimer.

Em 1967, o premier da Inglaterra era Harold Wilson, e o Lord Chancellor of the Exchequer (ministro das Finanças) era James Callaghan. O grande assunto era a possível desvalorização da libra. Os dois afirmavam que não desvalorizariam a moeda, em entrevistas e em depoimentos no Parlamento, até que num sábado de noite, dia 18 de novembro, a desvalorizaram em 14%. Callaghan teve de renunciar imediatamente. Tempos depois, também o primeiro-ministro Wilson foi derrotado e caiu.

Com relação à mentira, há os absolutistas, que, como Kant, não aceitam meio-termo, e os utilitaristas, que veem vantagens na prática por razões de Estado. O perigo, adverte Mearsheimer, além de o tiro poder sair pela culatra, é o que ele chama de "ricochete". Líderes que mentem para seus cidadãos pelo que acreditam ser boas razões estratégicas podem produzir danos significativos a seu corpo político, fomentando uma cultura de desonestidade.

Prefácio

Nos primeiros meses de 2003, Serge Schmemann, do *New York Times*, me ligou inesperadamente e disse que estava trabalhando em um artigo sobre a mentira na política internacional para a seção "Week in Review" do jornal de domingo. Ele dizia que por alguma razão meu nome veio a sua mente, então decidiu me ligar. Nunca havíamos nos encontrado ou mesmo nos falado antes. Disse a ele que nunca havia pensado sobre o assunto e que não achava que houvesse muita escrita acadêmica a esse respeito, se é que havia alguma. Disse-lhe então que me falasse o que estava pensando e eu reagiria. Fizemos exatamente isso e tivemos o que achei ser um interessante e frutífero debate, que durou cerca de uma hora. Posteriormente, eu escrevi algumas breves notas sobre a conversa e as arquivei.

Poucos meses depois, em setembro de 2003, fui convidado para dar uma palestra no Instituto de Tecnologia de Massachusetts (MIT), sobre um tema qualquer a minha escolha. Pensei, então, que seria interessante falar sobre a mentira na política internacional, saquei minhas notas da conversa com Schmemann e costurei uma fala para a ocasião. Nos seis anos subsequentes, escrevi um artigo, dei mais oito palestras, e tive muitas conversas com amigos e colegas sobre o assunto.

Ao longo de todo esse processo, fui ficando impressionado com o modo como as pessoas reagem ao tópico da mentira internacional. Cada audiência e quase cada pessoa com as quais falo rapidamente se mobilizam e se tornam animadas com o assunto, e muitos querem conversar longamente sobre o tema. Alguns me enviaram e-mails, por iniciativa própria, incluindo pessoas que eu nunca havia encontrado, mas que estavam na plateia de uma de minhas palestras.

Posso imaginar várias razões para esse assunto gerar tanto interesse. Para começar, a maioria das pessoas considera mentir uma forma reprovável de comportamento, pelo menos em uma primeira aproximação. Quase todo mundo rechaçaria ser chamado de mentiroso, ainda que ocasionalmente conte uma mentira. De fato, essa é uma acusação tão grave que as pessoas por vezes hesitam em chamar alguém de mentiroso, mesmo quando elas acreditam que a qualificação se aplica; em vez disso, empregam uma linguagem mais suave. O senador americano John Kerry, do Partido Democrata de Massachusetts, por exemplo, mostrou-se relutante em chamar o presidente Bush de mentiroso na campanha presidencial de 2004 e, em vez disso, disse que ele "foi malsucedido em dizer a verdade" sobre o Iraque e "enganou o povo americano".[1] Por outro lado, o fato de a mentira ser largamente considerada um comportamento perverso é justamente uma das razões pelas quais as pessoas gostam de falar sobre o assunto. É o que torna o tema instigante.

O que parece tornar o assunto ainda mais interessante para muitos é que sugiro que algumas vezes há boas razões estratégicas para os líderes mentirem para outros países, bem como para seu próprio povo. A mentira internacional, em outras palavras, não é necessariamente mau comportamento. De fato, muitas vezes é considerada uma medida inteligente, necessária, e talvez até mesmo, em algumas circunstâncias, virtuosa.

Mas nenhum de meus argumentos é mais controverso e gera tanta discussão quanto minha afirmação de que governantes e diplomatas não mentem uns aos outros com muita frequência. Quase ninguém parece acreditar que isso seja verdade – pelo menos quando ouvem pela primeira vez. A maioria das pessoas é surpreendentemente cética a esse respeito. Elas parecem acreditar que haja inúmeros exemplos de líderes mundo afora mentindo entre si e que, portanto, deve ser fácil chegar a uma longa lista desse tipo de mentira. Basicamente, acreditam que a mentira entre países é praxe na política internacional. Digo a meus interlocutores que, como um realista de carteirinha, estava inicialmente inclinado a concordar com eles, mas, depois de estudar o assunto, passei a acreditar que eles estão errados. Simplesmente não há tanta mentira inter-Estados assim. Obviamente, isso não quer dizer que não haja nenhuma.

O tema também ganhou ressonância por conta da Guerra do Iraque. Muita gente bem-informada atualmente acredita que o governo Bush mentiu para o povo americano durante a escalada para o conflito, que se transformou em um desastre estratégico para os Estados Unidos. Quando uma guerra vai mal e a opinião pública acredita que, antes de qualquer coisa, a *enganação** tenha colaborado para tornar a guerra possível, as pessoas invariavelmente ficam muito interessadas em debater por que os líderes mentiriam para seus próprios cidadãos

* No original, *deception*. É a categoria geral adotada pelo autor. Trata-se, literalmente, do ato de enganar. Em português, o neologismo *enganação* costuma assumir um sentido de senso comum mais próximo ao da vigarice. Mas, como a tradução literal *engano* costuma se referir mais à ideia de "se enganar", "confundir", preferimos a forma enganação e a usaremos em todo o livro, para melhor demonstrar a particularidade do termo. (N.T.)

e quais seriam as consequências prováveis disso. Além do quê, o fato de praticamente não haver produção intelectual sobre a mentira na política internacional autoriza – ou até mesmo compele – as pessoas a pensar criativamente sobre essas questões.

Dada essa escassez de literatura sobre a mentira internacional e o que parece ser um grande interesse no assunto, decidi transformar meu artigo não publicado sobre a mentira em um livro. Meu objetivo principal é oferecer alguns quadros analíticos que possam ajudar a organizar o modo como pensamos sobre a mentira na política internacional, bem como algumas afirmações teóricas sobre aspectos-chave do assunto. Espero que este livro seja uma primeira conversa sobre um tema importante, que até então tem recebido pouca atenção. Se eu for bem-sucedido, outros seguirão meus passos, refinarão e porão à prova meus argumentos.

Meu pensamento sobre a mentira foi marcadamente influenciado pelo retorno dado pelo público nos vários lugares em que falei: o Council on Foreign Relations, em Nova York; o Saltzman Institute of War and Peace Studies, na Universidade Columbia; o encontro anual de 2004 da American Political Science Association; um seminário de estudantes de graduação na Universidade de Montana; o Browne Center for International Politics da Universidade da Pensilvânia; o Departamento de Ciência Política do MIT; o Programa em Política de Segurança Internacional da Universidade de Chicago; o Lone Star National Security Forum; e um workshop "Norte-Sul", conjuntamente promovido pelas faculdades de relações internacionais da Northwestern University e da Universidade de Chicago.

Quando estava nos estágios iniciais de organização de minhas ideias sobre o assunto, beneficiei-me muito de um seminário informal com cinco de meus colegas da Universidade de Chicago: Dong Sun Lee, Taka Nishi, Robert Pape, Sebastian Rosato e John Schuessler. Sou especialmente grato pelos comentários extensos e sobretudo úteis oferecidos por Alexander Downes, Sean Lynn-Jones, Marc Trachtenberg e Stephen Walt, cujas digitais estão espalhadas por todo o texto.

Dois outros indivíduos merecem palavras especiais de agradecimento. David McBride, meu editor na Oxford University Press, fez uma série de sugestões muito importantes, que ajudaram a tornar o livro bem melhor. Também agradeço imensamente seu entusiasmo por este projeto, o que tornou muito mais fácil conduzi-lo até a linha de chegada. Mas ninguém ficou mais animado que meu agente, Bill Clegg, que não apenas me motivou a concluir o livro, como também forneceu conselhos sábios e indispensáveis ao longo do caminho.

Agradeço muitíssimo à competência editorial de Jessica Ryan e Ben Sadock, na Oxford University Press, que muito contribuíram para o polimento da versão final. Além disso, recebi excelentes comentários e sugestões de dois leitores anônimos da editora e uma longa lista de outros indivíduos, alguns dos quais eu nunca encontrei. Entre eles, Eric Alterman, Stephen Ansolabehere, Robert Art, Richard Betts, David Blagden, Risa Brooks, Michael E. Brown, Jonathan Caverley, Joseph Cirincione, Michael Desch, Louis DeScioli, Daniel Drezner, David Edelstein, Francis Gavin, Hein Goemans, Charles Glaser, Emily Goldman, Jennifer Hochschild, Ian Hurd, Robert Jervis, Chaim Kaufmann, Christopher Layne, Keir Lieber, Eric Lorber, Carlo Masala, Nuno Monteiro, Michael O'Connor, Joseph Parent, Susan Peterson, Arnd Plagge, Eric Posner, Richard Posner, Cynthia Roberts, Lawrence Samuels, David Schwartz,

Jack Snyder, Ivan Arreguin-Toft, Monica Toft, Peter Toft, Matthew Tubin, Stephen Van Evera, Abraham Wagner, Alexander Wendt e Joel Westra. Minhas desculpas a quem esqueci.

Sou profundamente grato pela ajuda de todos, uma vez que eu não poderia ter escrito este livro sem ela. Um agradecimento especial vai para Serge Schmemann, que me introduziu no assunto da mentira internacional e ajudou a despertar meu interesse por ela. Obviamente, assumo inteira responsabilidade por todos os erros e argumentos absurdos, mas tenho uma dívida considerável com várias pessoas por qualquer intuição que este livro possa conter.

Finalmente, gostaria de agradecer a minha família, especialmente minha esposa, Pamela, por realmente ter me incentivando a passar as infindáveis horas tomadas na produção de um livro. Adoraria de qualquer maneira o trabalho de pesquisa e escrita, mas é muito mais fácil quando as pessoas mais afetadas por seu horário de trabalho dão total suporte àquilo que você está tentando realizar. E, falando de família, gostaria de dedicar este livro a meus cinco maravilhosos filhos, Ann, Max, Nicholas, Julia e David, que têm sido uma fonte de grande orgulho e prazer por mais de três décadas.

Introdução

Os personagens-chave no governo Bush que se empenharam para os Estados Unidos invadirem o Iraque antes de 19 de março de 2003 afirmavam estar certos de que Saddam Hussein possuía armas de destruição em massa (ADMs). Sua alegação, segundo eles, era baseada em fortes evidências. E os defensores da guerra que não faziam parte do governo repetiam frequentemente essas alegações, criando um coro de falcões que ajudou a convencer muitos americanos de que era essencial desarmar o Iraque e depor Saddam. De acordo com esse ponto de vista, o Iraque foi uma guerra necessária, não uma guerra de escolha. Qualquer um que duvidasse dessa alegação quase certamente seria rotulado de conciliador ou de idiota, ou até mesmo acusado de antipatriota. Quando não foram encontradas armas de destruição em massa no Iraque, os partidários da guerra tiveram que explicar por que estavam tão profundamente enganados. Como foi possível que tantos que tinham tanta certeza sobre o poderio de Saddam estivessem tão errados?

Uma das explicações era colocar a culpa justamente em Saddam, alegando que ele efetivamente mentiu sobre o Iraque ter ADMs. Especificamente, foi dito que ele teria ficado profundamente preocupado com a possibilidade de o Irã – ou talvez mesmo os Estados Unidos – atacar o Iraque, que havia sido gravemente enfraquecido pela surra que levara na Guerra do Golfo, em 1991, bem como pelas sanções e pelo regime de inspeções impostos a Bagdá após aquela devastadora derrota. Para impedir um ataque a seu país, continua a história, Saddam espalhou a informação falsa projetada para fazer Teerã e Washington pensarem que ele tinha ADMs, que usaria em caso de guerra. Seu trabalho foi facilitado pelo fato de a ONU não ter sido capaz de estabelecer com elevado grau de certeza que ele jamais teve essas armas, apesar de não ter provas concretas de que ele as possuísse.

Essa linha de argumentação é apresentada no Relatório Duelfer, que foi lançado em setembro de 2004 pelo Iraq Survey Group, uma equipe internacional composta por mais de mil membros e que havia sido encarregada de encontrar estoques de ADMs no Iraque, bem como a infraestrutura utilizada para construí-los. O ex-inspetor de armas da ONU Charles A. Duelfer liderou o grupo. Depois de descrever as várias ameaças que o Iraque enfrentava, o relatório informa que, "a fim de combater essas ameaças, Saddam mantém sua postura pública de conservar seu poderio em ADMs".[1] O relatório prossegue, dizendo: "Embora pareça que o Iraque, em meados da década de 1990, estivesse essencialmente desprovido de estoques militarmente significativos de ADMs, a percebida necessidade de Saddam de blefar a respeito de seu poderio em termos de ADMs tornou por demais perigoso revelar isso claramente para a comunidade internacional, especialmente para o Irã." George Tenet traz o mesmo argumento em suas memórias. Ele escreve em *At the Center of the Storm* [*No olho do furacão*]: "Não tínhamos nenhuma experiência anterior com um país que não possuísse tais armas, mas que fingisse tê-las ... Antes da guerra, nós não entendíamos que *ele* estava blefando."[2]

Não obstante essas alegações, não há evidências em registros públicos de que Saddam tenha tentado convencer o mundo de que o Iraque possuía ADMs. O Relatório Duelfer, por exemplo, não apresenta nenhuma prova para sustentar sua alegação sobre o blefe do líder iraquiano. A alegação não passa de uma especulação, e os autores do relatório não apresentam fatos para sustentá-la. Na verdade, o próprio relatório fornece evidências que lançam dúvidas sobre a suposição. Ele observa que "Saddam nunca discutiu usar a enganação como uma política", e que um de seus representantes de maior confiança afirmou que ele "não revelou estar enganando o mundo sobre a presença de ADMs".[3] Isso não é nada surpreendente, uma vez que não há provas de que ele estivesse enganando o mundo. Na verdade, ele disse em várias ocasiões que não possuía essas armas, e estava dizendo a verdade.[4]

O governo Bush, por outro lado, contou quatro importantes mentiras na escalada rumo à Guerra do Iraque. Todas elas são discutidas em detalhes em seguida, mas permitam-me resumi-las brevemente. Figuras-chave no governo alegaram falsamente saber com toda a certeza que o Iraque tinha armas de destruição em massa. Eles também mentiram quando disseram que tinham evidências seguras de que Saddam era aliado próximo de Osama bin Laden, e fizeram diversas declarações que indicavam falsamente que Saddam teve alguma responsabilidade nos ataques do 11 de Setembro nos Estados Unidos. E, finalmente, vários integrantes do governo, incluindo o próprio presidente Bush, afirmaram ainda estar abertos à resolução pacífica de suas controvérsias com Saddam, quando na verdade a decisão de ir à guerra já havia sido tomada.

Em suma, Saddam disse a verdade sobre seu poderio em termos de ADMs antes da Guerra do Iraque, em 2003, enquanto figuras experientes do governo Bush mentiram sobre o que sabiam a respeito dessas armas. E também mentiram sobre alguns outros temas importantes. Para alguns leitores, esses comportamentos de cada um dos dois lados podem parecer surpreendentes, talvez até chocantes. Seria possível pensar que se trata no mínimo de um caso muito raro. Mas essa conclusão seria equivocada. Ambas as partes agiram de forma coerente com duas das principais descobertas deste livro. Especificamente, observei que os líderes não mentem muito habitualmente para outros países, mas, em vez disso, parecem mais inclinados a mentir para seu próprio povo. Permitam-me explicar.

Embora mentir seja amplamente visto como um comportamento condenável na vida cotidiana, trata-se de uma conduta aceitável na política internacional porque por vezes há boas razões estratégicas para os líderes mentirem para outros países e até mesmo para seu próprio povo. No entanto, na verdade não há realmente muita mentira entre os Estados. Quando iniciei este trabalho, esperava encontrar evidências abundantes de estadistas e diplomatas mentindo uns para os outros. Mas essa suposição inicial acabou por se mostrar incorreta. Em vez disso, tive que suar a camisa para encontrar os casos de mentira internacional que discuto no livro. Líderes mentem para outros países ocasionalmente, mas com muito menos frequência do que se pode imaginar. Portanto, não é nada surpreendente que Saddam Hussein não tenha mentido sobre se possuía ou não ADMs antes da Guerra do Iraque, o que não quer dizer que não haja circunstâncias nas quais ele tenha mentido.

Além disso, os líderes parecem ser mais passíveis de mentir para seu próprio povo sobre questões de política externa do que para outros países. Isso certamente aparenta ser a verdade para as democracias que seguem uma política externa ambiciosa e estão dispostas a iniciar guerras de escolha, ou seja, quando não há um perigo claro e iminente aos interesses vitais do país que só possa ser enfrentado pela força. Naturalmente, essa descrição se encaixa nos Estados Unidos ao longo dos últimos setenta anos, e, não surpreendentemente, os presidentes americanos disseram a seus concidadãos uma série de importantes mentiras sobre questões de política externa ao longo dessas sete décadas. Assim, não é nenhuma surpresa que figuras-chave no governo Bush, incluindo o próprio presidente, tenham mentido ao povo americano no período que antecedeu a Guerra do Iraque. Bush estava seguindo os passos de ilustres antecessores, como Franklin D. Roosevelt, que mentiu sobre um incidente naval em 1941 para ajudar a lançar os Estados Unidos na Segunda Guerra Mundial, e Lyndon B. Johnson, que mentiu sobre os eventos no golfo de Tonquim, em agosto de 1964, a fim de obter o apoio do Congresso para declarar guerra contra o Vietnã do Norte.

É importante ressaltar que em nenhum desses casos o presidente ou seus assessores mentiram para obter ganhos pessoais. Eles acreditavam estar agindo em prol do interesse nacional americano, o que não quer dizer que eles tenham agido sabiamente em todos os casos. Mas o fato é que existem boas razões estratégicas para os líderes mentirem para a opinião pública interna, assim como para outros países. Essa lógica prática quase sempre desconsidera rigores morais bem conhecidos e amplamente aceitos contra a mentira. De fato, os líderes por vezes pensam que têm o dever moral de mentir para proteger seus países. É claro que eles não mentem sempre quando o assunto é política externa, mas ocasionalmente dizem ou propositalmente sugerem coisas que eles sabem que não são verdadeiras. A população, no entanto, geralmente não os pune por suas enganações, a menos que elas conduzam a maus resultados. Parece claro que os líderes e seus povos acreditam que a mentira é parte integrante das relações internacionais.

Na política doméstica, entretanto, a mentira é em geral considerada algo errado, salvo em algumas circunstâncias especiais, como quando indivíduos estão negociando o preço de uma casa, ou ao proteger uma pessoa inocente de um dano injusto. A maioria das pessoas considera admissíveis as "mentiras brancas" que os amigos contam uns aos outros – como quando convidados de um jantar elogiam um prato malpreparado ou aquelas que os pais contam a seus filhos para protegê-los. Afinal, há pouco em jogo nesses tipos de mentiras e elas são contadas pelo bem de alguém.[5] São mentiras altruístas. Mas, em geral, a mentira é amplamente vista como algo que corrompe os indivíduos, bem como toda a sociedade em que eles vivem. Não é surpreendente, portanto, que as pessoas costumem dizer a verdade, mesmo quando não é de seu interesse material fazê-lo.[6] O que não nega que haja uma boa dose de mentira de tipo inaceitável em qualquer sociedade. Ainda assim, quanto menos, melhor.[7] Logo, faz todo o sentido estigmatizar e desencorajar a mentira na frente doméstica.

Há uma explicação simples para essas diferentes atitudes quanto à mentira doméstica e à internacional. Um líder não tem obrigação mais elevada do que garantir a sobrevivência de seu país. No entanto, os Estados operam em um sistema anárquico, no qual não há autoridade mais elevada à qual eles possam recorrer em caso de serem seriamente ameaçados por outro país. No mundo cruel da política internacional, não há um número de emergência para o qual ligar caso um Estado se meta em encrenca, e, mesmo que houvesse, não há ninguém do outro lado para atender o telefone. Assim, os líderes e seus cidadãos entendem que os países operam em um mundo em que é preciso cuidar deles próprios, no qual têm que fazer o que for necessário para garantir sua própria segurança. E, se isso significar mentir e trapacear, que assim seja. A política internacional, em outras palavras, tende a ser um território em que regras muitas vezes são quebradas com poucas consequências. O que não quer dizer que os líderes sejam entusiastas da mentira nem que muitos líderes não preferissem ver a esfera internacional regida por um conjunto bem-definido de princípios morais. Mas isso não é viável sem um soberano comum para impor seu cumprimento.

Em contraste com o sistema internacional, a estrutura de um Estado é hierárquica, não anárquica.[8] Em um país bem-ordenado, existe uma autoridade superior, justamente o Estado, à qual indivíduos podem se voltar em busca de proteção. Por conseguinte, os incentivos para trapacear e mentir que se aplicam quando os países estão lidando uns com os outros geralmente não se aplicam aos indivíduos em um país. De fato, pode-se sugerir de maneira convincente que um quadro de mentira generalizada ameaça a vida interna de um país. E o faz em grande parte por razões puramente utilitárias, uma vez que seria difícil fazer um Estado funcionar eficientemente com as pessoas mentindo entre si o tempo todo. Pode-se ainda questionar moralmente a mentira no interior dos limites de um país devido ao fato de que normalmente há nele uma comunidade bem-definida, o que não é o caso na política internacional. Thomas Hobbes levanta a questão de forma sucinta no *Leviatã*: "Antes que as palavras 'justo' e 'injusto' possam ter lugar, é necessário haver alguma espécie de poder coercitivo, capaz de obrigar igualmente os homens ao cumprimento de seus pactos ... Onde não há Estado*, nada é injusto."[9]

Mentir é obviamente uma forma de enganar, mas nem toda enganação é mentira. Há duas outras formas de enganação: a omissão e a torção. Diferentemente da mentira, elas não envolvem nem fazer uma declaração falsa nem contar uma história com um enfoque falso. A omissão e a torção, entretanto, não são a mesma coisa que dizer a verdade.

Esses dois tipos de enganação estão presentes em todos os âmbitos da vida cotidiana, e dificilmente causam algum protesto.[10] Por exemplo, é permitido a uma pessoa que esteja fazendo uma entrevista de emprego torcer em um currículo sua história de vida para apresentá-la de uma forma mais favorável. Ela é livre para omitir informações desse currículo como achar adequado.[11] A política é um solo especialmente fértil para a torção e a omissão. Um presidente pode contar uma história sobre o estado da economia americana que acentue as tendências positivas e minimize ou mesmo ignore as negativas, enquanto um crítico pertencente ao partido de oposição é livre para fazer o contrário. Mas nenhum dos dois está autorizado a mentir em favor de seu argumento. De fato, ser pego em

* No original, *Common-wealth*, que pode ser traduzido como comunidade e, por extensão, como Estado moderno. As traduções do *Leviatã* têm privilegiado a tradução desse trecho, bastante conhecido, usando "Estado", motivo pelo qual mantivemos essa forma. (N.T.)

uma mentira provavelmente lhes causaria um dano político significativo.

Isso não é verdade, porém, se a questão em jogo for de política externa. Governantes e diplomatas raramente são punidos por mentir, especialmente se estiverem mentindo para outros países. Provavelmente a única exceção a essa regra envolve casos em que se descubra que um líder mentiu para seus concidadãos sobre uma política que fracassou de uma maneira evidentemente prejudicial ao interesse nacional. Mas, mesmo nesse caso, é provável que o principal motivo pelo qual um líder cai sob a ira de seus cidadãos seja o fracasso da política, não a mentira em si. E por isso, é claro, é improvável que um líder que tenha sido pego mentindo a seus cidadãos a respeito de uma determinada política pague um preço político alto caso ela funcione como se espera. Quando se trata de política externa, o sucesso desculpa a mentira, ou pelo menos a torna tolerável.

Em resumo, a omissão e a torção são em geral vistas como formas legítimas de comportamento tanto na política doméstica quanto na política internacional. Mas mentir é algo completamente diferente.[12] É considerado um comportamento inaceitável pela maioria das classes, salvo na política internacional, na qual é geralmente visto como algo reprovável, mas por vezes necessário.

A empreitada

Há um repertório substancial de literatura a respeito da mentira, mas pouquíssimo trata explicitamente da mentira na política internacional. Uma exceção digna de nota é o trabalho de Eric Alterman *When Presidents Lie: A History of Official Deception and Its Consequences* [*Quando os presidentes mentem: Uma história da enganação oficial e suas consequências*], que oferece uma excelente narrativa sobre a mentira presidencial ao longo dos últimos setenta anos.[13] Entretanto, Alterman não é cientista social e não tenta teorizar sobre a mentira internacional. Nem ele nem ninguém mais. Pode-se argumentar que existem inúmeros estudos tratando da enganação entre países. Embora isso seja verdade, essa produção tende a não distinguir entre omissão, mentira e torção, e, o que é mais importante, nenhum trabalho é focado na mentira ou tenta fazer considerações de caráter geral sobre esse comportamento em particular. O objetivo deste livro é preencher esse vazio de teoria sobre a mentira internacional, não sobre o conceito mais amplo de enganação.

Em um nível mais geral, pode-se refletir sobre a mentira tanto de uma perspectiva absolutista quanto de uma utilitarista. Absolutistas como Immanuel Kant e santo Agostinho sustentam que mentir é sempre errado, e que dificilmente tem efeitos positivos. Mentir, segundo Kant, é "a maior violação do dever do ser humano para consigo mesmo".[14] Utilitaristas, por outro lado, acreditam que a mentira às vezes faz sentido, porque ela serviria a um propósito social útil, mas outras vezes, não. O importante seria determinar quando e por que a mentira tem uma utilidade positiva.

Observo a mentira internacional a partir de uma perspectiva estritamente utilitarista, sobretudo porque há razões convincentes que justifiquem esse viés e, não surpreendentemente, encontramos uma quantidade considerável dele nos registros históricos. Muitas pessoas parecem acreditar que há circunstâncias na política mundial nas quais vale a pena mentir. Isso não nega, no entanto, a importância de se examinarem as dimensões morais do fenômeno. Não obstante, essa tarefa envolve um conjunto diferente de cálculos e considerações, que estão além do escopo deste livro.

De modo geral, os líderes contam mentiras internacionais por duas razões diferentes. Eles podem contar mentiras a serviço do interesse nacional. São *mentiras estratégicas*, que os líderes dizem com a finalidade de ajudar seus países a sobreviver no caos das relações inter-Estados. E os líderes também podem contar *mentiras egoístas*, que pouco têm a ver com a *raison d'état*, e sim visam a proteger seus próprios interesses pessoais ou de seus amigos. Minha preocupação é com mentiras que os líderes dizem para o bem da coletividade, e não com as ditas para propósitos egoístas. Assim, quando uso a expressão mentira internacional, estou falando de mentiras estratégicas, não de mentiras egoístas.

A análise que se segue é construída em torno de quatro questões. Em primeiro lugar, quais são os diferentes tipos de mentira internacional contados pelos líderes? Em segundo lugar, por que eles mentem? Quais são as lógicas estratégicas que motivam cada tipo de mentira? Especificamente, quais são os benefícios potenciais da mentira que levam os líderes a se engajar nesse comportamento desagradável, quando não nocivo? Em terceiro lugar, quais são as circunstâncias que fazem cada tipo de mentira mais ou menos provável? E, em quarto lugar, quais são os custos potenciais do mentir para a política interna de um Estado, assim como para sua política externa? Em outras palavras, quais são as desvantagens de contar mentiras internacionais? Assim, levo em consideração tanto benefícios quanto custos de vários tipos de mentira que governantes e diplomatas dizem uns aos outros, assim como a seus próprios cidadãos. No entanto, não abordo a importante questão de em que condições cada tipo de mentira pode ou não obter seu efeito pretendido, principalmente porque eu não conseguiria chegar a uma boa resposta.

Tento responder a essas perguntas, fornecendo quadros analíticos simples que recorrem à literatura teórica de relações internacionais, assim como à extensa literatura sobre a mentira. Tentei garantir que meus argumentos sejam logicamente sólidos, e ofereço evidências históricas para ilustrá-los. No entanto, não testo de uma forma sistemática minhas várias proposições trazendo evidências para lhes dar suporte. Essa tarefa está além das possibilidades deste livro, que se preocupa principalmente em fornecer um modelo teórico para pensar a mentira internacional. Espero que outros estudiosos testem sistematicamente alguns dos argumentos apresentados nas páginas seguintes.

Os principais argumentos e o mapa do caminho

Faço inúmeras proposições na análise que se segue, mas cinco delas posicionam-se acima do restante. Primeiro, a mentira internacional se manifesta em uma variedade de formas, mas a mais importante distinção é entre as mentiras que os Estados dizem uns aos outros e aquelas que os líderes dizem a seus próprios cidadãos.

Segundo, os líderes costumam dizer mentiras internacionais por boas razões estratégicas, não por serem covardes e corruptos. Para eu não ser mal-interpretado, não estou dizendo que a mentira é uma grande virtude, nem que mais mentira internacional é melhor do que menos mentira. Estou dizendo apenas que a mentira por vezes é um instrumento útil da arte de governar em um mundo perigoso. De fato, um líder pode eventualmente contar o que Platão notoriamente chamou de "mentira nobre". Por exemplo, o presidente Franklin D. Roosevelt mentiu ao povo americano sobre o ataque alemão ao USS *Greer* em agosto de 1941. Ele estava tentando levar os Estados Unidos à Segunda Guerra Mundial contra a Alemanha nazista, que então parecia estar a caminho de conquistar toda a Europa. O objetivo de Roosevelt era o mais correto, e era apropriado que ele mentisse nesse caso.

Terceiro, embora a mentira entre os países seja um elemento permanente da política internacional, ela não é um lugar-comum. Na discussão sobre a mentira inter-Estados, no Capítulo 3, descrevo uma variedade de casos em que os líderes de um país mentiram para outro Estado. A leitura desse capítulo pode dar a impressão de que a mentira inter-Estados é um comportamento de rotina entre governantes e diplomatas. Mas enfrentei dificuldade para encontrar esses casos, e, além disso, o capítulo inclui quase todos os casos que fui capaz de identificar. Fiquei particularmente surpreso com quão difícil foi encontrar evidências de Estados que incorreram em tentativas de blefe em situações de negociação.[15] Na verdade, parece que os líderes estão mais propensos a mentir para seu próprio povo do que para os países rivais. Isso parece ser particularmente verdadeiro para democracias como os Estados Unidos.

Quarto, os tipos mais perigosos de mentira internacional são aqueles que os líderes dizem a seus próprios cidadãos. Eles são mais propensos a sair pela culatra e a afetar a posição estratégica de um Estado que as mentiras que os líderes dizem a outros Estados. Além disso, têm mais probabilidade de corromper a vida política e social doméstica, o que pode ter muitas consequências nefastas para a vida cotidiana.

E quinto, uma vez que os Estados Unidos são tão poderosos e tão fortemente comprometidos em todo o mundo, seus líderes muitas vezes se confrontam com situações em que existem fortes incentivos para mentir para outros países ou para o povo americano. Essa é uma questão de grande interesse, uma vez que a mentira internacional pode ter consequências negativas, principalmente para democracias como os Estados Unidos.

Este livro é composto de nove capítulos. Inicio definindo a mentira e as duas outras formas de enganação: a omissão e a torção. O capítulo seguinte expõe um inventário de mentiras internacionais. Faço uma distinção entre mentiras estratégicas e mentiras egoístas, e explico por que a ênfase será dada no primeiro tipo. Nos cinco capítulos posteriores, analiso em detalhes cada um dos diferentes tipos de mentira estratégica. Avalio a lógica por trás de cada tipo e quando é mais ou menos provável que cada um ocorra. No penúltimo capítulo, avalio as potenciais armadilhas da mentira internacional. Investigo quais tipos de mentira são mais propensos a sair pela culatra e enfraquecer a política externa de um Estado e quais são mais suscetíveis de causar danos na frente doméstica. Concluo com uma breve discussão do que tudo isso significa para a política externa americana e os Estados Unidos em geral.

1. O que é mentir?

ANTES DE DEFINIR MENTIRA, torção e omissão, é necessário definir a enganação, a categoria geral que inclui os três comportamentos, bem como definir o que é dizer a verdade, que é o oposto de enganar.

Dizer a verdade é o que acontece quando um indivíduo faz seu melhor para expor os fatos e contar uma história de uma forma direta e honesta. Todo mundo possui invariavelmente um conhecimento limitado sobre os detalhes de um caso, assim como o distorce de acordo com suas idiossincrasias e seu envolvimento com o tema. A memória também pode se mostrar deficiente, e é impossível relatar todos os fatos conhecidos quando se conta uma história. A questão-chave, no entanto, é que alguém que está falando a verdade faz um sério esforço para superar quaisquer possíveis parcialidades ou interesses egoístas e relatar os fatos relevantes da maneira mais imparcial que puder. A *enganação*, diferentemente, é o que ocorre quando um indivíduo propositalmente toma medidas projetadas para impedir que outros conheçam toda a verdade – como esse indivíduo a entende – sobre um assunto em particular. O objetivo deliberado, em outras palavras, não é fornecer uma descrição de eventos direta ou completa.

Mentir é o que acontece quando uma pessoa faz uma afirmação que ela sabe ou suspeita ser falsa, na esperança de que os outros pensem que é verdade. A mentira é uma ação positiva com o objetivo de enganar o público-alvo. Mentir pode envolver a invenção de fatos que se sabe serem falsos ou a negação de fatos que se sabe serem verdadeiros. Mas mentir não diz respeito apenas à veracidade de fatos específicos. Também pode envolver o arranjo dissimulado de fatos a fim de contar uma história fictícia. Especialmente, uma pessoa está mentindo quando utiliza fatos – até mesmo fatos verdadeiros – para sugerir que algo é verdadeiro, sabendo que não é.[1] Nesse caso, o mentiroso está propositalmente conduzindo o ouvinte a uma falsa conclusão sem explicitamente declarar essa conclusão.

Sempre há a possibilidade, é claro, de que uma pessoa que pensa estar dizendo uma mentira disponha de fatos incorretos e, inadvertidamente, esteja dizendo a verdade. E o inverso pode ser igualmente verdadeiro: uma pessoa que acredita estar dizendo a verdade pode dispor de fatos incorretos. Esse problema, no entanto, é irrelevante para meus propósitos, porque estou interessado em determinar se uma pessoa está sendo veraz – apresentando fatos ou contando uma história que acredita ser verdadeiros –, não se em última instância ela se prova certa ou errada sobre os fatos. Simplificando, minha preocupação é com a veracidade, não com a verdade.[2]

A *torção* é diferente da mentira, apesar de haver alguns casos em que a distinção seja obscura. Torcer é o que acontece quando, ao contar uma história, a pessoa enfatiza determinados fatos e os reúne de maneira que joguem a seu favor, ao mesmo tempo que minimiza ou ignora fatos inconvenientes. A torção consiste em interpretar os fatos conhecidos de uma forma que permita à pessoa contar uma história favorável a ela. Diz respeito a dar ou retirar a ênfase em fatos específicos para retratar a posição de alguém sob uma luz favorável. Na torção, não se faz nenhuma tentativa de oferecer uma descrição absolutamente exata dos acontecimentos. A história básica contada é distorcida, mas os fatos não são reunidos de modo a contar uma história falsa, o que seria uma mentira. Torção é exagero ou distorção, não prevaricação. Tiger Woods captou a essência da torção quando disse à revista *Sports Illustrated*, em 2000: "Aprendi que você pode sempre dizer a verdade, mas não precisa dizer toda a verdade."[3]

O que habitualmente ocorre em um tribunal americano oferece uma ilustração da diferença entre mentir e torcer. Quando uma testemunha é convocada para a bancada, ela faz o juramento de dizer "a verdade, toda a verdade e nada mais que a verdade" e, em seguida, ouve uma série de perguntas, que ela deverá responder de forma veraz. A pessoa arrolada poderia mentir, mas o ponto-chave é que ela é obrigada por lei a dizer o que acredita ser a verdade. Os advogados de acusação e de defesa, por sua vez, estão interessados em ganhar o caso para seus clientes, não em determinar toda a verdade sobre o que aconteceu na disputa em questão. Consequentemente, cada um faz a exposição dos argumentos torcendo os fatos do caso de forma a colocar seu cliente sob a luz mais favorável. Os advogados rivais invariavelmente contam duas histórias totalmente diferentes, mas a nenhum deles é permitido mentir. A American Bar Association,* por exemplo, estipula em seu

---

* A American Bar Association (ABA) é a mais antiga entidade de classe da área jurídica nos Estados Unidos. O termo *bar* diz respeito à rotina da corte legal e é habitualmente usado para se referir ao mundo do direito. A ABA funciona como uma espécie de conselho nacional, algo semelhante à Ordem dos Advogados do Brasil (OAB), embora não realize provas de

regulamento de conduta que "um advogado não deve fazer conscientemente uma declaração falsa de fato ou de direito a um tribunal".[4] Torcer, no entanto, não é apenas admissível: é justamente o que os advogados rotineiramente fazem a favor de seus clientes.

O terceiro tipo de enganação é a *omissão*, que envolve a retenção de informações que possam prejudicar ou enfraquecer a posição de alguém. Nesses casos, o indivíduo simplesmente se cala sobre uma evidência, porque quer escondê-la dos outros. Obviamente, se ele ouvir uma pergunta sobre o assunto e mentir para omitir a informação, seu comportamento se encaixa em minha definição de mentira. Um bom exemplo de omissão foi a decisão do governo Bush de não dizer à opinião pública antes do começo da Guerra do Iraque, em março 2003, que duas figuras centrais da Al-Qaeda, Khalid Sheikh Mohammed e Abu Zabaydah, haviam dito separadamente a seus interrogadores americanos que Osama bin Laden tinha pensado em propor a Saddam Hussein formar uma aliança contra os Estados Unidos, mas depois decidiu contrariamente à proposta.[5] Se esses fatos tivessem sido tornados públicos, teriam prejudicado a afirmação do governo Bush de que Bin Laden e Saddam estavam colaborando um com o outro, afirmação que foi importante a fim de ganhar o apoio da população e do Congresso para a guerra. Esse comportamento foi certamente enganoso, mas não constitui uma mentira, pelo menos segundo minha definição, porque não envolve dar um passo positivo para

---

permissão para advogar como a organização brasileira (mas realiza exames para qualificar a escolas de direito e avaliar instituições e profissionais associados). (N.T.)

enganar alguém.[6] Em suma, quando uma pessoa torce uma história ou omite fatos, ela não está mentindo; mas tampouco está sendo totalmente veraz.

Mentir, como enfatizado, é geralmente considerado um comportamento deplorável, ao passo que a maioria das pessoas parece acreditar que é aceitável torcer e omitir, mesmo esses comportamentos sendo destinados a enganar. Uma possível razão para essa diferença é que é mais difícil detectar e se proteger da mentira que da torção ou da omissão. A maneira como mentirosos fazem afirmações falsas é projetada para não levantar dúvidas sobre a veracidade de suas alegações. Mentirosos habilidosos apresentam afirmações falsas com um ar de certeza que torna especialmente difícil para o ouvinte descobrir que está sendo ludibriado.

Na torção, no entanto, é muito mais provável que os ouvintes sejam capazes de reconhecer que não estão recebendo um quadro completo e preciso da situação, e então corrigir o problema, preenchendo as lacunas com os pedaços ausentes da história. Ou seja, o público-alvo pode comparar os motivos da torção com a maneira como quem contou a história a compôs, ou seja, perguntando-se o que ele poderia ter deixado de fora, o que enfatizou e o que deixou com menos destaque. Se houver razão para suspeitar da história, os ouvintes podem solicitar à pessoa informações adicionais, proceder a uma investigação de forma independente, ou dar ouvidos a contratorções, que normalmente não são nada escassas quando o assunto é política externa.

O público-alvo também provavelmente será capaz de se defender razoavelmente bem da omissão. Sempre se pode perguntar se há informações disponíveis sobre aspectos específicos do assunto em questão, e se espera ouvir a verdade. Mas é bem possível, claro, que esses ouvintes não tenham conhecimento de todas as linhas de investigação relevantes. Afinal, por vezes não se imagina o que não se sabe e, portanto, não se sabe o que perguntar.

Para reforçar o argumento de que mentir é considerado vergonhoso porque é muito difícil de detectar, nos voltemos para um dos poucos domínios de nossa vida cotidiana em que a mentira é aceitável: as negociações comerciais em que compradores e vendedores tentam chegar a um acordo sobre os preços. Consideremos, por exemplo, dois indivíduos que estejam barganhando sobre uma mercadoria como um carro ou uma casa. Cada um deles tem permissão para mentir sobre seu "preço de reserva", que é o valor acima ou abaixo do qual se deixaria de aceitar um acordo. Tanto o comprador quanto o vendedor entendem que mentir – o eufemismo é "blefe" – é parte do jogo; portanto, nenhum lado ganha uma vantagem injusta quando mente a respeito do preço de venda ou do preço de compra. Em essência, trata-se de uma luta justa, na qual nenhuma das partes pode alegar que foi enganada deslealmente pelo outro lado.

É natural, portanto, que dificilmente se estigmatize a mentira a respeito de um preço de reserva nos negócios. De fato, pode-se argumentar que esse tipo de blefe não é uma mentira, porque, citando o estadista britânico Henry Taylor, "um falseamento deixa de ser um falseamento quando é compreendido por todos os envolvidos que não se deve esperar que a verdade seja dita".[7] Rejeito essa lógica, no entanto, porque comprador e vendedor estão apresentando falseamentos destinados a enganar o outro lado, o que constitui a essência da mentira.

Em suma, a mentira, a torção e a retenção de informações são todas formas de enganação, e todas as três podem ser contrastadas com dizer a verdade. A discussão que se segue concentra-se em como as mentiras são usadas para enganar no campo da política externa. Mas, na prática, as campanhas de enganação invariavelmente envolvem torção e omissão tanto quanto mentira. De fato, dado o opróbrio que acompanha a maioria dos tipos de mentira, os líderes que pensam ter boas razões para enganar outro país ou a população de seu próprio em geral preferem a torção e a omissão à mentira. Ninguém quer ser chamado de mentiroso, mesmo que seja por uma boa causa. Essa preferência é reforçada pelo fato de que costuma ser difícil mentir sem ser pego em flagrante. Claro que os líderes por vezes concluem que não têm escolha senão mentir em nome de seus países e que as circunstâncias tornam viável fazê-lo. Em geral, porém, mentir é o último recurso para os líderes que procuram enganar outro país.

Consideremos agora os vários tipos de mentira empregados na política internacional.

2. Inventário de mentiras internacionais

No campo da política externa, líderes podem dizer sete diferentes tipos de mentira. Cada tipo serve a um propósito específico, embora uma única mentira possa servir a múltiplos objetivos. Por exemplo, uma mentira que um líder diz a seu povo a respeito de uma ameaça externa a fim de conquistar apoio público para confrontá-la (difusão do medo) pode também ajudar a promover o nacionalismo na frente doméstica, ao retratar o adversário de uma forma especialmente negativa (uma mitificação nacionalista). Esse tipo particular de mentira mira os cidadãos do país do próprio político, mas mentiras também podem ser transmitidas a países rivais, assim como a aliados. No entanto, uma mentira direcionada a qualquer um desses públicos invariavelmente chegará aos outros, o que pode ter consequências positivas ou negativas.

Mentiras inter-Estados são direcionadas diretamente para outros países, quer para a obtenção de uma vantagem estratégica sobre eles, quer para impedi-los de obter uma vantagem a custa do país que produz a mentira. Esse tipo de mentira é geralmente dirigida aos rivais, mas os Estados por vezes mentem para seus aliados. Líderes envolvidos na mentira inter-Estados geralmente acabam por enganar seu próprio povo, apesar de esse não ser seu público-alvo.

A *difusão do medo* ocorre quando um líder mente para seu próprio povo a respeito de uma ameaça de política externa que ele acredita que os cidadãos não reconhecem ou não avaliam em sua correta extensão. O objetivo é motivar o público a levar essa ameaça a sério e a fazer os sacrifícios necessários para combatê-la. Líderes não difundem o medo porque são maus ou porque estejam em busca de ganhos egoístas, mas porque acreditam que exagerar uma ameaça específica serve ao interesse nacional.

Acobertamentos estratégicos são mentiras destinadas a ocultar políticas fracassadas ou políticas controversas da população e algumas vezes mesmo de outros Estados. Líderes não dizem essas mentiras para proteger os incompetentes que tenham estragado seu trabalho ou para dissimular políticas insensatas – embora essa possa ser uma consequência involuntária. O objetivo, em vez disso, é proteger o país de danos. Por exemplo, mentir para o público sobre a incompetência dos militares em tempo de guerra por vezes é importante para manter a solidariedade na frente doméstica, o que pode significar a diferença entre a derrota e a vitória.

A *mitificação nacionalista* tem lugar quando os líderes dizem mentiras, principalmente para seu próprio povo, sobre o passado de seu país.[1] Em essência, eles contam uma história na qual "nós" estamos sempre certos e "eles" estão sempre errados. As elites fazem isso negando que seu grupo étnico ou nação tenha feito coisas que realmente fez ou alegando falsamente que tenha feito certas coisas que não fez. Evidentemente, essas elites contam um conjunto semelhante de mentiras a respeito dos grupos rivais. O objetivo é criar um forte sentimento de identidade de grupo na população mais ampla, algo necessário para a construção e a manutenção de um Estado-nação viável e para motivar as pessoas a lutar em guerras por sua pátria. Esses mitos por vezes ajudam os Estados a ganhar legitimidade diante de outros Estados.

Mentiras liberais são destinadas a encobrir o comportamento dos Estados quando ele contradiz o amplo conjunto de normas liberais*, largamente aceito ao redor do mundo e sistematizado pelo direito internacional. Países de todos os tipos, incluindo as democracias liberais, às vezes agem com brutalidade em relação a outros Estados, ou formam alianças com países especialmente odiosos. Quando isso acontece, os líderes de um Estado geralmente inventam uma história para seu povo ou para o resto do mundo e tentam disfarçar suas ações nada liberais com uma retórica idealista.

O *imperialismo social* ocorre quando os líderes dizem mentiras sobre outro país a fim de promover seja seus próprios interesses econômicos ou políticos, seja aqueles de uma determinada classe social ou determinado grupo de interesse. O objetivo é desviar a atenção do público dos problemas ou das controvérsias na frente doméstica a fim de beneficiar uma fatia restrita da sociedade, não o bem-estar geral. Por exemplo, os líderes podem tentar consolidar sua permanência no poder por meio do exagero de uma ameaça, disseminando internamente o medo, que, por sua vez, levará a população a se unir em torno do regime.

Acobertamentos deploráveis têm lugar quando líderes mentem por razões egoístas sobre seus erros ou suas políticas malsucedidas. Seu principal objetivo é proteger a si ou a seus amigos de uma merecida punição.[2] Esse tipo de mentira não é projetado

* O autor se refere ao liberalismo político, não necessariamente ao econômico. (N.T.)

para beneficiar a população em geral, que é o principal objetivo de um acobertamento estratégico. No entanto, como um acobertamento estratégico geralmente acaba por proteger os incompetentes, por vezes é difícil distinguir entre esses dois tipos de acobertamento.

Essas sete variedades de falseamento abrangem a maior parte do universo das mentiras internacionais.[3] No entanto, a discussão a seguir concentra-se em mentiras ditas a serviço do interesse nacional. Essas mentiras estratégicas beneficiam a coletividade, diferentemente das mentiras egoístas, que beneficiam um determinado indivíduo ou grupo de indivíduos. Na prática, isso significa que não haverá discussões mais aprofundadas nem sobre o imperialismo social nem sobre os acobertamentos deploráveis.

Esses dois tipos de mentiras são omitidos porque não há nenhuma boa justificativa estratégica para eles. Naturalmente, sabemos por que indivíduos contam mentiras desse tipo, mas dificilmente alguém diria que elas são formas legítimas de comportamento. De fato, a maioria dos observadores condenaria essas mentiras egoístas, não apenas porque elas têm uma influência corruptora sobre a vida política, mas também porque põem em perigo o interesse nacional mais amplo. Em resumo, imperialismo social e acobertamentos deploráveis não têm nenhum valor social redentor.

Mentiras estratégicas são algo bem diferente. Elas objetivam facilitar o bem-estar geral e costumam ter pelo menos um mínimo de legitimidade. Em essência, mentiras estratégicas podem fazer algo de bom para um país, embora sempre exista a possibilidade de que elas façam mais mal do que bem. O foco aqui está sobre os cinco tipos de falseamento estratégico descritos anteriormente: mentiras inter-Estados, difusão de medo, acobertamentos estratégicos, mitificação nacionalista e mentiras liberais. E, além de descrever cada tipo com mais detalhes, apresentarei sua lógica causal subjacente e explicarei quando cada um deles é mais ou menos passível de ocorrer. Em outras palavras, explicarei por que e quando são encontrados esses diferentes tipos de mentira internacional.

3. Mentira entre Estados

Sir Henry Wotton, diplomata britânico do século XVII, comentou certa vez que um embaixador é "um homem honesto enviado para mentir no estrangeiro pelo bem de seu país".[1] Esse comentário capta muito bem o fato de que os países mentem uns aos outros porque pensam que a mentira serve ao interesse nacional. A observação de Wotton, no entanto, é enganosa ao insinuar que diplomatas e governantes rotineiramente passam seu tempo mentindo entre si. Na verdade, os líderes políticos e seus representantes diplomáticos dizem a verdade uns aos outros com muito mais frequência do que mentem. E, mesmo quando estão empenhados em enganar os outros, eles estão mais propensos a recorrer à omissão do que a uma mentira manifesta. O sigilo, como praticamente todos os estudantes de política internacional sabem muito bem, é uma ferramenta consagrada para o desenvolvimento de armas e estratégias que podem oferecer a um país vantagem sobre seus rivais.

Com que base faço essas afirmações? Como observado, não verifico meus argumentos sistematicamente os testando à luz do registro histórico. Na verdade, não estou certo de que seja possível medir quão frequentemente estadistas e diplomatas mentiram entre si no passado, em comparação com a frequência com que foram verdadeiros uns com os outros. Uma razão é que nos últimos séculos houve um grande número de interações entre os líderes das diferentes unidades políticas componentes do sistema internacional. É difícil ver como se poderia selecionar uma amostra representativa de casos a partir dessa imensa base de dados. E, mesmo que isso fosse possível, ainda assim seria impossível investigar o que aconteceu em muitos desses casos. Temos apenas escassos registros do que ocorreu no passado distante, e mesmo nos casos mais recentes os registros são por vezes incompletos. Pelas mesmas razões, também seria especialmente difícil, talvez impossível, determinar com precisão quanto de mentira inter-Estados ocorreu e comparar com a omissão e a torção.

Minha alegação de que não tem havido muita mentira inter-Estados ao longo do tempo é baseada em duas considerações. Primeiro, tive dificuldades para encontrar exemplos de líderes mentindo uns para os outros, embora certamente tenha encontrado alguns casos, a maioria dos quais é discutida adiante. Também perguntei a outros estudiosos bem versados em história internacional se eles teriam como me oferecer exemplos de estadistas e diplomatas que mentiram para outros. A reação inicial deles – como a minha – era imaginar que haveria uma abundância de casos, mas no final praticamente todos que eu abordei tiveram problemas para encontrar mais que alguns poucos casos bem-definidos de mentira inter-Estados.

Claro, a definição de cada um sobre a mentira afeta qualquer avaliação de quanta mentira houve entre países, ou qualquer outro tipo de mentira, aliás. Sissela Bok, por exemplo, observa em seu importante tratado sobre a mentira que algumas pessoas definem o conceito de mentira de forma tão ampla que "tomam todas as formas de enganação como mentiras, independentemente de estarem ou não acompanhadas por declarações de qualquer tipo". Quando essa definição abrangente é empregada, as pessoas podem dizer que mentir é algo incontrolável na vida cotidiana, e "que uma pessoa comum mente dez, vinte, cem vezes por dia".[2]

Se aplicada à política internacional, essa definição de mentira incluiria a torção e a omissão, além da apresentação consciente de uma deliberada inverdade, e se poderia portanto dizer que a mentira inter-Estados é algo comum. Mas, caso se defina a mentira de uma forma mais restritiva, como fazemos Bok e eu, ela não está nem perto de ser tão difundida, embora certamente não seja desconhecida. Acredito que uma definição restritiva faz mais sentido, porque nos permite discriminar entre as diferentes formas de enganação e teorizar sobre quando e por que cada uma pode ser empregada.

Pode-se argumentar que estadistas e diplomatas que mentem uns para os outros não admitirão isso, e de fato podem ir longe para esconder a mentira. Talvez haja inúmeros casos de mentira inter-Estados, mas eu tenha falhado em descobrir a maioria porque eles estão bem-escondidos daqueles não envolvidos no processo de tomada de decisão. Essa linha de argumentação certamente tem algum mérito para a análise de eventos contemporâneos, uma vez que informações importantes são quase sempre escondidas da população, e é, portanto, difícil para quem está fora saber o que aconteceu a portas fechadas. Além disso, quanto mais retrocedemos na história, mais incompletos são os registros a respeito do processo político em praticamente todos os países, o que significa que a mentira inter-Estados pode ter sido comum tempos atrás, mas não podemos demonstrá-lo. Até em alguns casos recentes o registro histórico é irregular, o que levanta novamente a possibilidade de haver mentiras profundamente enterradas.

Ainda assim, não acho que haja muitas mentiras inter-Estados bem-escondidas à espreita no passado. Baseio essa afirmação no fato de que dispomos de muita informação sobre diversas decisões importantes de política tomadas por uma variedade de países nos últimos dois séculos, o que tornaria difícil para os líderes esconder suas mentiras tão bem a ponto de elas nunca serem descobertas. Isso é especialmente verdadeiro para as mentiras que teriam grande impacto sobre a política externa de um país. Afinal, uma campanha de enganação deliberada geralmente envolve muitas pessoas, e pelo menos algumas delas estarão inclinadas a abrir a boca em algum momento. Além disso, os registros escritos, que são fartos em muitos desses casos, já vieram à tona. Assim, a maior parte dos principais detalhes de muitos eventos históricos recentes tem se tornado pública, incluindo as mentiras. O que não significa que algumas mentiras bem-contadas do passado possam ter escapado à detecção, mas é difícil imaginar que haja muitos desses casos.

E há uma segunda razão para eu achar que mentiras entre países sejam raras: é geralmente difícil enganar os líderes de outros Estados. E, mesmo quando isso é possível, os custos da mentira muitas vezes superam os benefícios. Em outras palavras, há fortes razões pelas quais não devemos esperar que mentiras entre países sejam um lugar-comum.

Para começar, uma lógica realista simples explica por que é difícil para os líderes escapar ao mentirem a outros países quando importantes questões estratégicas estão em jogo. Estados operando em um sistema anárquico têm fortes incentivos para às vezes agir de forma implacável e enganosa a fim de garantir sua sobrevivência, e esse repertório de possíveis táticas certamente inclui a mentira. O ex-primeiro-ministro israelense Yitzhak Shamir resumiu essa questão ao dizer: "Pelo bem de Israel, tudo bem mentir."[3] Não surpreendentemente, quase todos os líderes e até mesmo muitos cidadãos reconhecem que as relações internacionais são regidas em grande parte por um conjunto de regras diferente daquele que governa a vida cotidiana em seus países. Assim, quando se trata de importantes questões de Estado, é improvável que eles confiem em pronunciamentos de outros governos a menos que possam verificá-los.[4] Como na famosa advertência do ex-presidente americano Ronald Reagan: "Confie, mas verifique." Nenhum líder ocidental, por exemplo, aceitará a alegação do Irã de que não está desenvolvendo armas nucleares e esquecer o assunto. Em vez disso, eles insistem que a Agência Internacional de Energia Atômica possa inspecionar as instalações nucleares iranianas para se certificar de que o país não está tentando adquirir armas nucleares.

É especialmente problemático avaliar as intenções de outro país, que são difíceis de determinar com um grau elevado de segurança. É muito mais fácil, embora não necessariamente descomplicado, contar e avaliar a capacidade militar de outro país, formada por bens tangíveis e que pode ser vista a olho nu. Intenções, por outro lado, estão em última instância na cabeça dos políticos, portanto são impossíveis de observar e medir, o que, por sua vez, opera para diminuir a confiança entre os países. Devido a essa falta generalizada de confiança, é difícil para os líderes escapar ao mentir uns aos outros quando a questão é séria. Assim, não é nenhuma surpresa que os registros históricos quase não contenham exemplos de mentiras devastadoramente eficazes entre Estados.

Governantes e diplomatas estão mais propensos a confiar uns nos outros quando estão lidando com questões que não acarretariam maiores consequências estratégicas caso qualquer um dos lados caísse em uma mentira. Em outras palavras, os líderes estão geralmente menos propensos a se preocupar com a possibilidade de serem enganados quando o assunto em questão envolve economia ou meio ambiente – "*low politics*" – do que no caso da segurança nacional – "*high politics*"* –, na qual a confiança é algo escasso.[5] Pode-se pensar que haveria uma quantidade significativa de mentira quando estão em jogo *low politics*, porque os líderes tenderiam a confiar mais e seriam, portanto, mais vulneráveis a ser enganados. Mas esse não é o caso; não há muita mentira inter-Estados, mesmo quando os riscos são relativamente baixos.

Uma razão para não haver muita mentira em questões de *low politics* é que os ganhos nesse caso tendem a ser pequenos. Claro, é por esse mesmo motivo que a vítima em potencial é vulnerável à mentira: os riscos são baixos e, portanto, o custo de ser enganado não é tão grande e a vítima deixa a guarda baixa. Outra razão é que, se os estadistas fossem mentirosos inveterados, ninguém acreditaria em nada que dissessem, o

* As expressões "*high politics*" e "*low politics*" significam, literalmente, "alta política" (aquela considerada vital para a sobrevivência de um país) e "baixa política" (aquela que envolve interesses menos vitais). São termos oriundos da abordagem realista da política internacional e representam a tipologia das formas de atuação política (centrada, para essa abordagem, necessariamente na ação do Estado, considerado o ator efetivamente atuante). Eles têm sido usados sem tradução na ciência política em português, motivo pelo qual os mantivemos assim nesta tradução. (N.T.)

que roubaria da mentira seu efeito. Mentir é efetivo apenas quando a vítima potencial acha que o mentiroso está provavelmente dizendo a verdade. Portanto, os líderes devem ter bons motivos para pensar que não estão sendo enganados, o que significa que eles não podem mentir uns para os outros muito frequentemente sem tornar a mentira ineficaz. Em suma, para ser útil, a mentira inter-Estados deve ser feita de forma seletiva e cuidadosa.

Uma última razão é que, se os líderes mentissem muitas vezes entre si, seria quase impossível para eles interagir de forma construtiva, já que ninguém saberia o que considerar verdadeiro ou falso. E, se um líder em particular mentisse frequentemente, ele certamente teria uma reputação de desonestidade, e outros dirigentes relutariam em chegar a acordos com ele no futuro, o que pode prejudicar seriamente seu país. Isso é especialmente verdadeiro quando se lida com questões econômicas e ambientais nas quais haja a promessa de continuidade da cooperação nos anos seguintes. Em outras palavras, muita mentira é ruim para os negócios.

Tudo isso é para dizer que a mentira tem seus limites como ferramenta de governo.

Por que os Estados mentem uns aos outros

A principal razão pela qual os líderes mentem para a opinião pública estrangeira é ganhar uma vantagem estratégica para seu país. Como os Estados operam em um mundo anárquico, em que não há um vigilante noturno para protegê-los em caso de problemas graves, eles não têm escolha senão garantir sua própria segurança. E a melhor maneira pela qual os países podem maximizar suas perspectivas de sobrevivência é adquirindo poder sobre seus rivais. No entanto, eles também podem usar a enganação, o que inclui a mentira, para conseguir uma vantagem sobre um adversário em potencial. Em um mundo perigoso, líderes fazem o que têm que fazer para garantir a sobrevivência de seus países. Arthur Sylvester, o secretário-adjunto de Relações Públicas da Secretaria da Defesa do governo Kennedy, resumiu muito bem esse argumento quando disse, no rescaldo da Crise dos Mísseis Cubanos: "Acredito ser um direito fundamental inerente ao governo mentir para salvar a si mesmo quando confrontado com um desastre nuclear."[6] Cerca de vinte anos depois, o secretário de Imprensa do presidente Jimmy Carter, Jody Powell, observou: "Sylvester, é claro, estava certo. Em determinadas circunstâncias, o governo tem não apenas direito, mas obrigação positiva de mentir."[7]

Na prática, a mentira inter-Estados assume diferentes formas e funciona de acordo com diferentes lógicas. Vejamos algumas das maneiras segundo as quais os países mentem uns aos outros. Esta lista não pretende ser exaustiva, embora a maioria das mentiras inter-Estados se encaixe em uma dessas categorias.

Primeiro, os líderes por vezes exageram o poderio de seu país para deter um adversário ou até mesmo agir coercitivamente sobre ele. Por exemplo, Hitler mentiu sobre a capacidade militar alemã durante a década de 1930. Ele tentou inflar a força da Wehrmacht, suas forças armadas, de modo a desencorajar a Grã-Bretanha e a França a interferir no rearmamento da Alemanha, assim como em ações agressivas de sua política externa, como a remilitarização da Renânia, em 1936.[8] Aproximadamente no mesmo período, os infames expurgos de Josef Stalin causaram sérios danos ao poder militar do Exército Vermelho. Preocupado com a possibilidade de isso fazer a União Soviética parecer fraca e estimular um ataque da Alemanha nazista, Stalin e seus assessores espalharam a notícia de que as forças armadas soviéticas eram uma formidável força de combate, mesmo sabendo que não eram.[9]

Outro exemplo desse tipo de mentira inter-Estados ocorreu durante a Guerra Fria, depois de os soviéticos lançarem o primeiro míssil balístico intercontinental (MBIC), em outubro de 1957.[10] O equilíbrio estratégico nuclear daquele momento claramente favorecia os Estados Unidos. Então, o premiê soviético Nikita Kruschev aproveitou a vantagem anterior de seu país em MBICs para alegar que o poderio da União Soviética nesse tipo de armamento era muito maior do que realmente era. A mentira de Kruschev nos três anos que se seguiram contribuiu para o famoso mito do *missile gap* [hiato dos mísseis], quando se acreditou que os americanos tinham uma séria desvantagem em termos de mísseis estratégicos. Mas, na verdade, o oposto era a verdade: era a União Soviética que tinha muito menos MBICs do que os Estados Unidos. O motivo para Kruschev exagerar o poderio soviético era deter e coagir os Estados Unidos. Em particular, ele queria se certificar de que, em uma crise, os americanos não lançariam um ataque nuclear estratégico contra a União Soviética. Ele também estava determinado a impor uma grande pressão sobre o governo Eisenhower para que este abandonasse seus planos de permitir que a Alemanha adquirisse armas nucleares.

Um segundo tipo de mentira inter-Estados ocorre quando um líder faz falsas declarações com a finalidade de minimizar a importância de um poderio militar específico, ou até mesmo ocultá-lo de países rivais. O objetivo pode ser evitar provocar um ataque contrário para destruir esse poderio ou impedir outro país de forçá-lo a desistir de tal poderio. Por exemplo, após tornar-se chefe da Marinha alemã, em junho de 1897, o almirante Alfred von Tirpitz começou a construir uma frota que pudesse desafiar a supremacia naval britânica e permitir à Alemanha ir em busca de sua ambiciosa *Weltpolitik* [política mundial].[11] Ele percebeu, porém, que a Marinha alemã seria vulnerável a um ataque britânico nas fases iniciais de seu desenvolvimento, e se referiu a esse momento como sua "zona de perigo". Para evitar esse desfecho, ele e outros líderes alemães lançaram uma campanha de propaganda em que afirmavam falsamente que Berlim estava construindo uma frota para fins defensivos – para proteger o crescente comércio exterior da Alemanha – e que não tinha a intenção de desafiar a Marinha britânica.

Israel mentiu para os Estados Unidos na década de 1960 sobre seu então incipiente programa de armamento nuclear, pois temia que Washington forçasse o Estado judeu a encerrar o projeto se soubesse o que estava realmente acontecendo no Complexo Nuclear de Dimona. "Este é um programa", escreveu Henry Kissinger em 1969, "sobre o qual os israelenses têm persistentemente nos enganado."[12] Outro exemplo teve lugar quando os soviéticos colocaram mísseis ofensivos em Cuba em 1963, depois de terem repetidamente assegurado ao governo Kennedy que não dariam esse passo perigoso. Esperavam presentear o presidente "com um *fait accompli* em algum momento da escolha de Kruschev", sem dar motivos para Kennedy se mobilizar contra eles antes que os mísseis fossem instalados.[13]

Um Estado pode também minimizar ou esconder seu poderio militar para diminuir as chances de um adversário o enfrentar, seja alterando sua estratégia, construindo defesas ou correndo para produzir mais do mesmo tipo de arma. Durante a Primeira Guerra Mundial, por exemplo, a Grã-Bretanha desenvolveu secretamente o tanque de guerra para ajudar a quebrar o impasse no front ocidental. Para ajudar a esconder a arma dos alemães antes de usá-la contra eles no campo de batalha, os líderes britânicos disseram uma série de mentiras. Por exemplo, disseram que se tratava de um tanque destinado ao transporte de recursos hídricos para as linhas de frente, não uma máquina de guerra blindada ou um "*landship*",* nome usado por eles a portas fechadas (foi assim que os tanques ganharam seu nome). Os britânicos também disseram que a empresa de construção dos veículos não estava envolvida na fabricação de armamentos. Além disso, tentaram fazer com que, durante o processo de fabricação, os tanques parecessem estar indo para a Rússia, não para o front ocidental. Cada máquina "trazia a legenda 'Com cuidado para Petrogrado' em alfabeto russo de trinta centímetros de altura".[14]

Essa mesma lógica também entrou em jogo no modo como Moscou lidou com suas armas biológicas durante os últimos quinze anos da Guerra Fria.[15] Apesar de assinar a Convenção de Armas Biológicas e Tóxicas, que entrou em vigor em março de 1975, os soviéticos violaram essa tratado ao desenvolver um maciço programa de armas biológicas. E eles não esconderam o programa do mundo exterior simplesmente;

* Literalmente, "embarcação de desembarque". O termo era usado para designar grandes vagões de transporte. (N.T.)

mentiram sobre ele. A mentira de Moscou ficou à mostra de maneira mais proeminente em 1979, depois de cerca de cem pessoas morrerem perto de Sverdlovsk, infectadas com antraz acidentalmente liberado de uma unidade soviética de fabricação de armas biológicas. Os soviéticos, na tentativa de evitar ser pegos violando a convenção, afirmaram falsamente que as mortes haviam sido causadas pelo consumo de carne contaminada. O objetivo final, nesse caso e nos outros aqui descritos, é sub-repticiamente adquirir e manter uma vantagem militar sobre os países rivais.

Terceiro, os líderes de um país podem minimizar suas intenções hostis em relação a outro país para disfarçar um ataque contra ele. Provavelmente o melhor exemplo desse fenômeno foram os esforços de Hitler entre 1933 e 1938 para convencer os outros poderes europeus de que ele estava comprometido com a paz, quando na verdade estava empenhado na guerra. "Se estiver nas mãos da Alemanha", disse ele em agosto de 1934, "a guerra não acontecerá de novo. Este país tem uma impressão mais profunda do que qualquer outro do mal causado pela guerra ... De acordo com o que acreditamos, os atuais problemas da Alemanha não podem ser resolvidos por meio da guerra."[16] E em um famoso discurso no Sportpalast de Berlim durante os dias tensos que antecederam a assinatura do infame acordo de Munique, ele declarou enfaticamente que seu desejo de assimilar a região dos Sudetos à Alemanha "é a última reivindicação territorial que farei na Europa".[17] Ambas as declarações eram óbvias mentiras.

Outro exemplo desse tipo de comportamento envolve o Japão e a União Soviética no último ano da Segunda Guerra Mundial. Eles mantiveram um pacto de neutralidade durante a maior parte daquele conflito, mas em Yalta, em fevereiro de 1945, Stalin prometeu a Churchill e Roosevelt que o Exército Vermelho atacaria o Japão três meses depois de a Alemanha nazista ser derrotada. Os líderes japoneses suspeitaram de que um acordo como esse havia sido feito em Yalta e interpelaram os seus pares soviéticos, que responderam que o relacionamento entre os países não havia mudado em nada e "estava se desenvolvendo normalmente, com base" no pacto de neutralidade.[18] Os soviéticos atacaram o Japão em 8 de agosto de 1945.

Por vezes, líderes empenhados em dissimular uma ação agressiva contra outro país são obrigados a mentir sobre isso quando repórteres de seu próprio país começam a fazer sondagens sobre a operação iminente. Essas mentiras, porém, são, em última análise, direcionadas ao país que será alvo, e não aos concidadãos dos próprios líderes. Durante a campanha presidencial de 1960, por exemplo, John F. Kennedy, candidato do Partido Democrata, sugeriu que os Estados Unidos deveriam ajudar as forças anti-Castro a derrubar o líder cubano.[19] Seu oponente, o vice-presidente Richard Nixon, sabia que o governo estava profundamente envolvido em um esquema justamente para isso. Mas ele compreendeu que correria o risco de expor a operação se concordasse com Kennedy. Assim, criticou a proposta de seu adversário, chamando-a de "provavelmente a mais perigosa e irresponsável recomendação feita por ele durante o curso da campanha" – muito embora ele pensasse ser uma ideia inteligente e tivesse lutado por essa política no interior do governo. Nixon estava mentindo para enganar Castro, não o povo americano. Mas, na verdade, ele só queria poder dizer a verdade.

Secretário de Imprensa do presidente Jimmy Carter, Jody Powell foi colocado em uma situação similar em abril de 1980, quando um repórter lhe perguntou se era verdade que os Estados Unidos estavam planejando lançar uma operação militar para libertar reféns americanos então mantidos prisioneiros no Irã. Embora isso fosse verdade, Powell sentiu que não tinha escolha senão mentir e dizer que não era verdade, porque do contrário ele teria avisado o governo iraniano sobre a tentativa de resgate próxima.[20] Então, relutantemente, ele enganou o repórter.

Em quarto lugar, um Estado pode mentir para minimizar suas intenções hostis em relação a um Estado rival, não para facilitar um ataque, mas para evitar provocar desnecessariamente esse rival. Essa lógica esteve em evidência durante os primeiros dias da Guerra Fria, quando os países da Europa Ocidental criaram dois pactos de defesa mútua: o Tratado de Dunquerque (1947) e o Tratado de Bruxelas (1948). Ambos os acordos foram apresentados como formas de fiscalização sobre uma Alemanha em reconstrução, mas na verdade foram projetados principalmente para conter a expansão soviética na Europa. Os líderes britânicos e franceses mentiram sobre o verdadeiro propósito dessas alianças porque não queriam antagonizar a União Soviética – que eles viam como uma séria ameaça – se pudessem evitar.[21]

Um quinto tipo de mentira inter-Estados ocorre quando um país tenta afetar o comportamento de um rival ameaçando atacá-lo, mesmo que não tenha a intenção de realmente começar uma guerra. Essa ameaça vazia pode ter como objetivo coagir um adversário a fazer algo que ele não queira fazer. O comportamento da Alemanha durante a crise marroquina de 1905-6 é um exemplo desse tipo de blefe. Os políticos alemães estavam determinados a provocar uma crise com a França a respeito do Marrocos, o que poderia causar o rompimento da *entente cordiale* recém-formada entre Reino Unido e França. Com essa meta em vista, eles ameaçaram entrar em guerra, embora "em nenhum momento do caso marroquino", como escreve o historiador Norman Rich, "uma solução militar tenha sido defendida ou seriamente contemplada pelos líderes alemães".[22]

Essa estratégia de ameaça vazia também pode ser empregada para intimidar um adversário a seguir uma política em particular. Por exemplo, em agosto de 1986, havia no governo Reagan a preocupação de que o líder líbio Muamar Kadafi pudesse estar planejando uma grande campanha terrorista. Para impedir que isso acontecesse, a Casa Branca lançou falsos relatos de que Kadafi "estava prestes a ser atacado novamente por bombardeiros dos Estados Unidos e, talvez, derrubado por um golpe".[23] Embora os Estados Unidos não tivessem a intenção de realmente bombardear a Líbia, esperavam que Kadafi considerasse a ameaça crível e abandonasse os planos que poderia ter de apoiar o terrorismo.

A política nuclear da Otan durante a Guerra Fria é outro caso de uma ameaça vazia a ser utilizada para fins de dissuasão. A posição oficial da aliança era de que, se os países que integravam o Pacto de Varsóvia atacassem nações da Europa Ocidental e começassem a avançar sobre a Alemanha, a Otan usaria suas armas nucleares para forçar a União Soviética e seus aliados a pôr fim a sua ofensiva e possivelmente até mesmo a recuar para sua posição inicial junto à fronteira intra-alemã. Alguns importantes políticos americanos, incluindo o ex-secretário de Estado Henry Kissinger e o ex-secretário da Defesa Robert McNamara, publicamente endossaram a política quando na ativa, mas depois deixariam claro que não teriam usado armas nucleares para defender a Europa Ocidental no caso de um ataque soviético maciço convencional.[24] Essa indisposição para iniciar uma guerra nuclear decorria em grande parte do fato de que Moscou certamente retaliaria os Estados Unidos com suas próprias armas nucleares, dessa maneira arriscando-se o suicídio mútuo. Ainda assim, fazia todo o sentido para os políticos da Otan dizer aos soviéticos que a aliança usaria armas nucleares para defender a Europa Ocidental – ainda que eles achassem que era uma ideia insana – porque a Rússia nunca teria como ter certeza de que essas armas não seriam utilizadas, o que aumentava significativamente o efeito dissuasivo.

Sexto, os líderes podem mentir para provocar algum país a atacar seu país ou um terceiro. O comportamento de Bismarck na corrida rumo à Guerra Franco-Prussiana (1870) é provavelmente o caso mais conhecido de um líder propositalmente oferecer a outro Estado um *casus belli* para atacar seu próprio país.[25] E o fez com a ajuda de mentiras bem-contadas. O chanceler prussiano estava comprometido com a criação de uma Alemanha unificada e acreditava que provocar a França a declarar guerra contra a Prússia, ou mesmo uma crise maior que lançasse a França em um estado de turbulência, o ajudaria a alcançar sua meta. Para isso, ele começou nos primeiros meses de 1870 a trabalhar diligentemente para colocar um príncipe prussiano no trono da Espanha, sabendo muito bem que isso alarmaria e enervaria a França. Ele negou, porém, que tivesse qualquer coisa a ver com esse estratagema, o que era uma mentira.

Bismarck espalhou uma segunda e mais importante mentira quando "adulterou" o famoso Despacho de Ems do kaiser Guilherme I, dirigido a Napoleão III. Depois que os esforços do chanceler para colocar um nobre prussiano no trono espanhol fracassaram, os franceses exigiram do kaiser a promessa de que não levantaria a questão novamente. No seu rascunho de resposta, o kaiser disse que não, mas deixou a porta aberta para novas negociações. Temendo que isso poderia conduzir a uma resolução pacífica da crise, Bismarck editou o rascunho do kaiser para parecer que ele não apenas estivesse dizendo não, mas também fechando as portas a qualquer discussão posterior. O telegrama adulterado foi então publicado e houve indignação em toda a França. Pouco depois, Napoleão III tolamente declarou guerra contra a Prússia.

Sétimo, um país que esteja preocupado que seus aliados não estejam prestando atenção suficiente a um perigoso país rival pode mentir sobre o poderio ou o comportamento agressivo do adversário para este parecer mais ameaçador para seus aliados. O governo Bush empregou esse tipo de mentira no início de 2005, quando estava preocupado que China, Japão e Coreia do Sul não estivessem avaliando adequadamente a gravidade da ameaça representada pela Coreia do Norte.[26] Para chamar a atenção deles, funcionários do Conselho de Segurança Nacional foram à Ásia e sugeriram que a Coreia do Norte tinha vendido à Líbia hexafluoreto de urânio, um ingrediente crucial para a fabricação de armas nucleares. Mas isso não era verdade. O Paquistão, e não a Coreia do Norte, havia vendido o hexafluoreto de urânio para a Líbia, e, embora seja possível que o Paquistão tenha originalmente adquirido esse composto da Coreia do Norte, não há qualquer evidência em registros públicos de que Pyongyang o tenha fornecido a Islamabad sabendo que seria finalmente transferido para a Líbia. De fato, as evidências disponíveis indicam que se tratava de negócios separados.

Um oitavo tipo de mentira inter-Estados é aquele no qual os líderes enganam a fim de facilitar a espionagem ou a sabotagem em tempo de paz, bem como para limitar as consequências internacionais se forem pegos em flagrante. Por exemplo, os Estados Unidos incorreram em uma mentira depois que o avião espião U-2 pilotado por Gary Powers foi abatido sobre a União Soviética, na primavera de 1960. Na época, o presidente Eisenhower estava prestes a ir a Paris para entrar em sérias negociações com o premiê Kruschev sobre um tratado de proibição de testes nucleares, e ele havia deixado claro que não queria que quaisquer complicações viessem dos controversos voos do U-2. Depois que o avião espião foi derrubado, o presidente ouviu que o U-2 tinha um mecanismo de autodestruição, o que garantia que nem Powers nem o avião sobreviveriam. Então, depois que Kruschev anunciou a derrubada do U-2, o gabinete de Eisenhower declarou que não se tratava de um avião de espionagem, mas de uma aeronave de pesquisa meteorológica da Nasa que tinha acidentalmente se desviado rumo ao espaço aéreo soviético. Quando os soviéticos, em seguida, apresentaram Powers, o Departamento de Estado disse que ele provavelmente havia perdido a consciência em virtude de uma falta de oxigênio e entrou em espaço aéreo soviético. Por fim, Washington foi forçada a admitir que Powers estava em uma missão de espionagem sobre o território soviético.

Mas isso não foi o fim da mentira. O gabinete de Eisenhower em seguida apareceu com a história de que, embora o presidente tenha aprovado o programa de vigilância, ele não estava pessoalmente envolvido no planejamento dos sobrevoos. Na verdade, o presidente mais tarde admitiria que "cada série de invasões foi planejada e executada com meu conhecimento e minha permissão".[27]

O infame caso Lavon, envolvendo Israel, fornece outro bom exemplo desse tipo de mentira inter-Estados. Em 1954, Israel mobilizou-se para prejudicar as relações do Egito com o Reino Unido e os Estados Unidos por meio da criação de uma rede de espionagem dentro do Egito que sabotaria instalações americanas e britânicas, mas fazendo com que parecesse que os egípcios eram os responsáveis. Depois de bombardear as bibliotecas do Serviço de Informações dos Estados Unidos em Alexandria e no Cairo, bem como alguns outros alvos, os planos deram errado e os sabotadores foram capturados. Não surpreendentemente, o premiê israelense Moshe Sharett sustentou que tudo não passava de "um complô perverso eclodido em Alexandria", na verdade "um julgamento de fachada organizado lá contra um grupo de judeus que caíram vítimas de falsas acusações".[28]

Nono, países mentem para obter uma vantagem na condução de operações militares em tempo de guerra. Durante a Segunda Guerra Mundial, por exemplo, os britânicos montaram uma maciça campanha de enganação contra a Alemanha nazista na qual a mentira era comum. Aliás, foi no contexto dessas operações que Churchill fez sua famosa afirmação de que, "em tempos de guerra, a verdade é tão preciosa que ela deve estar sempre acompanhada por guarda-costas de mentiras".[29] Os britânicos dificilmente poderiam ser considerados uma exceção, como Roosevelt deixou claro quando disse, em maio de 1942, que estava "perfeitamente disposto a enganar e contar mentiras, se elas ajudarem a ganhar a guerra".[30] De fato, todos os participantes da Segunda Guerra Mundial montaram campanhas estratégicas para enganar seus rivais. Além disso, esse estratagema é utilizado em praticamente todas as guerras.[31]

O décimo tipo de mentira inter-Estados envolve líderes tentando obter um resultado mais vantajoso para seu país ao negociar tratados e outros acordos formais. Eles podem mentir para os parceiros de negociação sobre seus próprios recursos ou seu poderio, ou, mais provavelmente, podem mentir sobre seu preço de reserva – valor acima ou abaixo do qual não estariam dispostos a fechar um acordo. Seria de se esperar que fossem encontrados exemplos desse tipo de mentira em uma ampla variedade de circunstâncias, incluindo, no plano da segurança, controle de armas e negociações de término de guerras; e, no plano econômico, dívidas externas, comércio e transações monetárias. Afinal, é isso que acontece quando as pessoas negociam o preço de um carro ou uma casa. Além disso, a teoria dos jogos, que tem atraído muita atenção entre os estudiosos de relações internacionais nos últimos anos, parece prever uma boa quantidade de mentira em tais circunstâncias. "O poder de barganha", nas palavras do Prêmio Nobel de Economia Thomas Schelling, é "o poder de enganar e blefar", e blefar consiste, é claro, na "apresentação de informações falsas".[32]

Mas, para minha surpresa, fui capaz de encontrar apenas alguns poucos exemplos de líderes e diplomatas mentindo ou blefando em negociações de tratados ou outros tipos de pacto.[33] Pode de fato haver muitos desses casos, mas, se isso ocorreu, eles foram acobertados e não fazem parte do registro histórico. Não creio nisso, no entanto. Não há dúvida de que é improvável que alguém que tenha sido bem-sucedido em um blefe saia se vangloriando logo após o fato. Faz muito mais sentido encobrir a mentira ou pelo menos mostrar-se circunspecto a seu respeito.[34] Caso contrário, o outro lado poderia exigir a renegociação do acordo ou se mostrar relutante em fazer acordos futuros, com medo de ser tratado como otário novamente. Ainda assim, essa linha de argumento não faz sentido porque, como discutido anteriormente, é difícil esconder uma mentira por um longo período de tempo. É difícil de acreditar que blefar em negociações internacionais tenha sido algo comum ao longo dos tempos mas, apesar disso, muito poucos casos tenham sido revelados ao público.[35]

Um caso que foi revelado envolve a Grécia mentindo sobre seu déficit orçamental para que pudesse conquistar o ingresso na zona do euro.[36] De acordo com as regras da União Europeia, um país-membro só pode ser autorizado a adotar o euro como moeda se mantiver déficits menores do que 3% do Produto Interno Bruto (PIB). Durante os últimos anos da década de 1990, quando a Grécia estava sendo avaliada para possível admissão na zona do euro, mantinha déficits bem acima desse limiar. Para lidar com esse problema, Atenas simplesmente mentiu sobre os números para os anos em avaliação, afirmando que seus déficits haviam sido bem inferiores a 3%, quando não haviam sido. A artimanha funcionou, e a Grécia adotou a moeda única europeia em 2001.*

Os Estados Unidos também mentiram a seus aliados da Europa Ocidental (França, Alemanha, Itália e as nações da União

---

* Ao longo da década desde sua entrada na Zona do Euro, a Grécia, para manter sua posição, adotou uma pesada política de endividamento, o que acabou por sair pela culatra em 2008, com a crise mundial iniciada nos Estados Unidos e que abalou a economia de toda a Europa. Após diversos acordos de ajuda internacional em troca de políticas de austeridade financeira, a crise da Grécia chegou a um estado crítico no final de 2011, com o país acumulando uma dívida de 143% de seu PIB, o que levou o primeiro-ministro do país, Geórgios Papandréu, a renunciar em 10 de novembro daquele ano. (N.T.)

Econômica de Benelux) no início da década de 1950 para tentar persuadi-los a ratificar o tratado de criação da Comunidade Europeia de Defesa (CED), que tinham assinado em maio de 1952. O governo Eisenhower apoiou fortemente a ratificação, na esperança de que uma CED operacional pudesse criar um equilíbrio com a União Soviética e permitisse aos americanos retirar a maioria de suas tropas da Europa Ocidental. Como observa o historiador Marc Trachtenberg, "o verdadeiro objetivo da CED ... foi soldar a França e a Alemanha juntas como o núcleo de uma forte federação europeia que pudesse fazer frente à Rússia por si própria e, assim, tornar possível às forças americanas retirar-se da Europa em um futuro próximo".[37]

Os europeus, porém, suspeitaram de que o apoio americano à CED fosse impulsionado principalmente por esse desejo de Washington de deixar o continente, resultado que a maioria dos europeus, e especialmente os franceses, não queria de forma alguma. Para lidar com esse problema, o governo Eisenhower repetidamente assegurou a seus aliados que a ratificação da CED não precipitaria uma retirada americana, apesar de isso não ser verdade. E, quando havia vazamentos para a imprensa mostrando o que os americanos estavam fazendo, o secretário de Estado John Foster Dulles, como disse um estudioso, "estava disposto a mentir descaradamente e garantir para a imprensa que nenhuma retirada de tropas americanas estava sendo contemplada".[38]

Quando os países dizem mentiras uns aos outros

Há quatro grupos de circunstâncias capazes de promover a mentira inter-Estados, o que não quer dizer que os líderes frequentemente mintam quando estão nessas situações. Países localizados em áreas de risco, nas quais haja intensa concorrência em termos de recursos de segurança, estão mais propensos a mentir do que os Estados que vivem em regiões relativamente pacíficas. Essa tendência é em grande parte resultado do alto valor que os governos depositam na sobrevivência. Estados que operam em ambientes de grande perigo invariavelmente possuem um acurado senso de vulnerabilidade e, portanto, estão fortemente inclinados a empregar qualquer tática ou estratégia que possa ampliar sua segurança. Em suma, mentir torna-se fácil para líderes que acreditam viver em um mundo hobbesiano.

Líderes também estão mais propensos a mentir em uma crise do que durante os períodos de relativa calma. Um Estado determinado a evitar uma guerra tem poderosos incentivos para espalhar mentiras se isso ajudar a acabar com a crise sem luta. Por sua vez, um líder inclinado a transformar a crise em uma guerra quase certamente mentirá se achar que isso contribuirá para gerar as condições para criar e vencer o conflito. Isso não anula o fato de que cada lado de uma crise suspeitará dos pronunciamentos do outro, o que tornará difícil, embora não impossível, dizer mentiras convincentes.

Além disso, é provável que a mentira inter-Estados seja muito mais comum em tempos de guerra do que de paz. Em seu livro de 1928 sobre a mentira durante a Primeira Guerra Mundial, o político britânico Arthur Ponsonby escreveu que "deve ter havido mais mentira deliberada no mundo entre 1914 e 1918 do que em qualquer outro período da história".[39] Embora seja impossível provar essa alegação por não haver possibilidade prática de se contar todas as mentiras internacionais ao longo do tempo, certamente houve uma quantidade substancial de mentira durante a Grande Guerra, como Ponsonby e outros deixaram claro. Por outro lado, é difícil pensar em um período de cinco anos no século anterior a 1914 – quando poucas guerras foram travadas na Europa – no qual tenha havido indícios de mentira na escala que vimos na Primeira Guerra Mundial.

Não é de surpreender que os líderes recorram frequentemente à mentira quando começa o tiroteio. A guerra é um negócio extremamente sério, no qual as elites da política externa muitas vezes acreditam que a sobrevivência de seus Estados está em jogo. Mas, mesmo em conflitos nos quais as questões em disputa são menores – como no caso dos Estados Unidos no Vietnã ou da União Soviética no Afeganistão –, líderes em geral acreditam que a derrota poderia causar sérios danos ao interesse nacional. Esse tipo de pensamento torna fácil para os líderes justificar a mentira. Há também muitas oportunidades de mentir em tempos de guerra, uma vez que os conflitos consistem em numerosos enfrentamentos políticos e militares, nos quais há fortes incentivos para enganar o outro lado. É por isso que a enganação é considerada parte integrante da guerra.

Por fim, líderes estão mais propensos a mentir para Estados rivais do que para aliados. "A verdade para os amigos; a mentira para os inimigos", como colocou um estudioso muitos anos atrás.[40] Por definição, um rival é mais perigoso do que um aliado, o que significa que é mais importante encontrar maneiras de obter vantagem sobre um adversário que sobre um país amigo. Mentir às vezes serve a esse propósito. E, como os aliados podem ajudar um país a lidar com um rival temível, apresentam-se fortes incentivos para que os países tenham boas relações com seus aliados e construam com eles um mínimo de confiança, o que é dificilmente obtido por meio da mentira. É claro, o fato de os aliados tenderem a confiar uns nos outros mais do que em seus rivais torna um pouco mais fácil para os aliados mentir entre si do que para seus oponentes, que naturalmente desconfiam mais dos pronunciamentos dos adversários. Ainda assim, mentir para um aliado terá um alto preço se for descoberto, já que certamente prejudicará a confiança e danificará a parceria, o que acabaria por lesar o país que contou a mentira.

Isto não significa que ocasionalmente governos não concluam que faz todo o sentido estratégico enganar um aliado. Não há dois países que tenham sempre os mesmos interesses – incluindo países aliados – e é possível que em uma crise um aliado abandone o outro ou mesmo se volte contra seu parceiro. Além disso, amigos de hoje podem se transformar em inimigos amanhã. Lembre-se de que a União Soviética atacou o Japão no final da Segunda Guerra Mundial meses depois de falsamente prometer a Tóquio que não tinha essa intenção. O fato de não existirem aliados permanentes explica por que o sistema internacional é, em última análise, um mundo de cada-um-por-si. Essa lógica simples também explica por que Israel mentiu para os Estados Unidos durante a década de 1960 sobre o desenvolvimento de armas nucleares. Os líderes israelenses havia muito acreditavam ser essencial ter boas relações com os americanos. Mas obviamente acreditavam mais fortemente que Israel precisava de sua própria capacidade nuclear de dissuasão para garantir sua sobrevivência, mesmo que fosse necessário mentir para esses poderosos aliados a fim de adquirir esse poderio.

4. Difusão do medo

A DIFUSÃO DO MEDO ocorre quando os líderes de um país avistam uma ameaça emergente, mas acham que não podem fazer a população enxergar que o lobo está à porta sem recorrer a uma campanha de enganação. O secretário de Estado Dean Acheson, que temia que o povo americano pudesse não se dar conta do perigo representado pela União Soviética no final dos anos 1940, argumentava que era necessário que os líderes do país tornassem seus argumentos "mais claros que a verdade", porque senão a população não apoiaria as medidas que ele considerava necessárias para lidar com a ameaça.[1] O objetivo não é iludir apenas o cidadão médio nas ruas, mas também alcançar as elites educadas, incluindo os especialistas independentes que poderiam estar inclinados a minimizar, de maneira um tanto perigosa, a relevante ameaça. Campanhas de difusão do medo podem até mesmo ser dirigidas para burocratas do governo que possam estar dispostos a pegar leve com uma ameaça que seus dirigentes consideram particularmente perigosa. Por mais desagradável que esse comportamento possa ser, os líderes o praticam por acreditarem que ele serve ao interesse público, não para explorar seus concidadãos com vistas a obter ganhos pessoais. A essência da difusão do medo é sintetizada pela famosa declaração de Kemal Atatürk: "Para o povo, apesar do povo."[2]

Líderes engajados na difusão do medo podem operar para criar na mente da população uma ameaça quase inexistente, ou, mais provavelmente, eles exagerarão ou alardearão uma ameaça reconhecida que não esteja causando grande alarme fora dos círculos governamentais. O objetivo final pode ser construir as bases para uma política de contenção, fazendo a população dar suporte a um aumento nos gastos de defesa, se alistar no serviço militar, ou apoiar uma convocação. O exagero da ameaça também pode ser usado para mobilizar o apoio a entrar em guerra contra um adversário perigoso. Embora a difusão do medo ocorra usualmente em tempos de paz, ela pode ter lugar em meio a uma guerra, se os líderes sentirem que o compromisso de seus cidadãos ou suas forças militares está vacilando.

A difusão do medo tem desempenhado um papel importante na política externa dos Estados Unidos ao longo dos últimos setenta anos. De fato, três governos lançaram mão dessa estratégia na esperança de arrastar o relutante povo americano para a guerra. Como dissemos, Franklin D. Roosevelt mentiu sobre o incidente do USS *Greer* em setembro de 1941, a fim de mobilizar a opinião pública contra a Alemanha e na esperança de lançar o país na Segunda Guerra Mundial.[3] O USS *Greer*, um destróier americano que operava no Atlântico Norte, juntou-se a um avião militar britânico que perseguia um submarino alemão. O avião acabou lançando cargas de profundidade, mas então teve que retornar a sua base porque estava com pouco combustível. O *Greer*, no entanto, continuou a perseguir o submarino, que não havia sido neutralizado pelas cargas de profundidade do avião. O submarino em seguida disparou um torpedo contra o destróier, que respondeu com suas próprias cargas de profundidade. Nenhum dos lados atingiu o alvo. Algumas horas mais tarde, houve um último enfrentamento entre o *Greer* e o submarino alemão, e mais uma vez nenhum dos dois lados atingiu o outro.

Uma semana depois, o presidente Roosevelt foi ao rádio e contou ao povo americano três mentiras sobre o incidente do *Greer*. Ele claramente sugeriu que o ataque ao navio não foi provocado. Ele não mencionou a aeronave britânica, e muito menos que o *Greer* estava perseguindo o submarino alemão juntamente com o avião, que lançou cargas de profundidade contra a embarcação alemã antes que esta disparasse contra o destróier.[4] Em vez disso, ele simplesmente disse que o submarino "disparou primeiro contra o destróier americano sem aviso, e com o propósito deliberado de afundá-lo" em "águas defensivas" americanas. Esse ataque, disse ele, era "pirataria – legal e moralmente pirataria".[5]

Além disso, Roosevelt afirmou que a identificação do *Greer* como navio americano era "inconfundível" para o submarino alemão. Na verdade, os oficiais da Marinha tinham dito a Roosevelt dois dias antes que não havia "nenhuma evidência positiva de que [o] submarino soubesse [a] nacionalidade d[o] navio contra o qual estava disparando". Finalmente, Roosevelt declarou: "Nós não procuramos entrar em guerra armada com Hitler. Não buscamos isso agora." Na verdade, ele havia se reunido com Churchill no mês anterior (agosto) e, de acordo com o primeiro-ministro britânico, Roosevelt "disse que promoveria a guerra, mas não a declararia, e que se tornaria cada vez mais provocativo … Tudo seria feito para forçar um 'incidente' … O presidente … deixou claro que procuraria um 'incidente' que o justificasse a dar início a hostilidades." O *Greer* obviamente oferecia o incidente desejado, apesar de não ter levado à entrada dos Estados Unidos na Segunda Guerra Mundial. Foi o ataque japonês a Pearl Harbor, em 7 de dezembro de 1941, juntamente com a declaração de guerra de Hitler contra os Estados Unidos quatro dias depois, que fez isso acontecer.

O comportamento do presidente Lyndon Johnson e seus principais assessores de política externa durante o infame incidente do golfo de Tonquim, no início de agosto de 1964, é muito semelhante ao comportamento de Roosevelt no incidente do *Greer*.[6] A situação no Vietnã do Sul na época estava indo de mal a pior para os Estados Unidos. Johnson esperava melhorar a situação significativamente tornando cada vez mais intensa a luta contra o Vietnã do Norte, mas ele reconheceu que o povo americano estava pouco entusiasmado por uma guerra de grandes proporções no Sudeste Asiático. Assim, o presidente concluiu que precisava de um mandato do Congresso, que sancionasse o uso de força maciça e continuada contra o Vietnã do Norte. E uma oportunidade para conseguir o apoio do Congresso a qualquer movimento de intensificação que Johnson promovesse veio em 4 de agosto de 1964, quando Washington recebeu a notícia de que barcos de patrulha norte-vietnamitas atacaram um destróier americano, o USS *Maddox*, no golfo de Tonquim. O presidente usou esse incidente para empurrar a Resolução do golfo de Tonquim para o Congresso em 7 de agosto. E efetivamente obteve carta branca para entrar em guerra contra o Vietnã do Norte.

O governo Johnson contou duas mentiras sobre o que aconteceu nas águas ao largo da costa do Vietnã do Norte. Primeiro, o presidente e seus assessores propositalmente deram a impressão de que não havia nenhuma dúvida de que o ataque de 4 de agosto havia efetivamente ocorrido. Johnson, por exemplo, respondeu em 7 de agosto a um protesto oficial do líder soviético Nikita Kruschev, dizendo que havia "evidências completas e irrefutáveis" de que os norte-vietnamitas atacaram o *Maddox*.[7] E o secretário da Defesa Robert McNamara disse ao senador Bourke Hickenlooper (Partido Republicano de Iowa) em 4 de agosto que "as evidências do ataque eram absolutamente claras".[8] A proposta de resolução que o governo enviou ao Congresso em 5 de agosto era confiante em afirmar que os norte-vietnamitas haviam "deliberada e repetidamente atacado embarcações navais americanas".[9]

Na verdade, poucas horas depois do ataque relatado, o comandante do *Maddox* relatava que havia boas razões para questionar se realmente houvera um ataque.[10] Em 4 de agosto, segundo o historiador Fredrik Logevall, Johnson começou a pressionar McNamara "para buscar a confirmação do ... incidente", certamente porque ele sabia haver dúvidas de que o ataque tinha mesmo ocorrido.[11] Na manhã seguinte, o conselheiro do presidente para a Segurança Nacional, McGeorge Bundy, disse a sua equipe que "a quantidade de evidência de que dispomos hoje é menor do que a que dispúnhamos ontem".[12] No dia seguinte (6 de agosto), o secretário-adjunto de Bundy, Walt Rostow, disse em um almoço no Departamento de Estado que "parecia improvável que tivesse realmente havido um ataque em ... 4 de agosto".[13] E, quando Bundy ouviu falar das observações de Rostow, disse que deveriam mandar seu adjunto "calar a boca".[14] Em suma, era uma mentira afirmar ou mesmo sugerir que os Estados Unidos não tinham dúvidas sobre se o *Maddox* havia sido atacado em 4 de agosto.

A segunda mentira diz respeito à alegação do gabinete de Johnson de que o *Maddox* estava em uma "patrulha de rotina" no golfo de Tonquim e que o suposto ataque foi "deliberado e não provocado".[15] Na verdade, um dos motivos pelos quais o *Maddox* estava naquelas águas era coletar informações para dar suporte às forças sul-vietnamitas que atacavam a costa do Vietnã do Norte naquele momento, e, não surpreendentemente, quase todos os políticos do alto escalão americano entendiam que Hanói veria o *Maddox* como participante desses ataques.[16] Embora as evidências não sejam indiscutíveis, uma hipótese bastante plausível é que os Estados Unidos estavam tentando provocar o Vietnã do Norte a atacar o *Maddox*.[17] Independentemente disso, Robert McNamara estava claramente mentindo quando disse no Senado em 4 de agosto: "Nossa Marinha não teve absolutamente nenhuma participação, não estava associada com e não estava ciente de quaisquer ações sul-vietnamitas, se é que houve alguma ... E digo isso categoricamente. É um fato."[18]

O governo Bush se empenhou em uma campanha de difusão do medo antes de os Estados Unidos atacarem o Iraque, em 19 de março de 2003. Não há dúvida de que o presidente e seus principais assessores acreditavam sinceramente que Saddam Hussein representava uma perigosa ameaça e que deveria ser removido do poder o mais rápido possível. Ao mesmo tempo, eles entenderam que não havia muito entusiasmo na população geral por invadir o Iraque. Além disso, os militares, a comunidade de inteligência, o Departamento de Estado e o Congresso americano não estavam muito animados para uma guerra. Para superar essa relutância em atacar o Iraque, o gabinete de Bush se engajou em uma campanha de enganação a fim de exagerar a ameaça representada por Saddam. Essa campanha envolveu torcer, omitir e mentir para o povo americano. Descreverei quatro mentiras principais.

Primeiro, o secretário da Defesa Donald Rumsfeld disse, em 27 de setembro de 2002, que dispunha de provas irrefutáveis de que Saddam era um aliado próximo de Osama bin Laden.[19] Na verdade, ele não dispunha de tais provas, como admitiria em 4 de outubro de 2004, quando disse ao Conselho de Relações Internacionais: "Da minha parte, não vi nenhuma evidência forte, indiscutível, que ligasse os dois."[20] Do mesmo modo, o secretário de Estado Colin Powell, que afirmou antes da guerra que Bin Laden estava em "parceria com o Iraque" e que havia uma "ligação sinistra entre o Iraque e a rede terrorista Al-Qaeda", admitiu, em janeiro de 2004: "Não vi fumaça saindo do revólver, nenhuma evidência concreta de uma ligação, mas acredito que a possibilidade de tais conexões existisse e que era prudente levá-la em consideração no momento em que o fizemos."[21]

Na verdade, antes da guerra o governo Bush havia obtido sólidas evidências de que Saddam e Bin Laden não estavam trabalhando juntos. Como citei anteriormente, dois integrantes do alto escalão da Al-Qaeda capturados após o 11 de Setembro disseram separadamente, em interrogatórios, que não havia ligação entre Al-Qaeda e Iraque. Além disso, nem a CIA nem a Agência de Inteligência de Defesa (DIA, na legenda em inglês) conseguiram encontrar provas conclusivas de alguma ligação significativa entre Bin Laden e Saddam antes de os Estados Unidos invadirem o Iraque.[22] Tampouco a Comissão do 11 de Setembro foi capaz de descobrir evidências de uma "relação de colaboração" entre esses dois líderes.[23]

Em segundo lugar, aqueles que estavam arquitetando a guerra afirmaram muitas vezes que os Estados Unidos sabiam com certeza absoluta que o Iraque dispunha de armas de destruição em massa, quando isso não era verdade. Havia, é claro, boas razões para suspeitar que Saddam teria armas químicas e biológicas, mas não havia nenhuma evidência direta de que ele dispusesse de fato desse armamento. Na verdade, quando Rumsfeld e o general Tommy Franks se reuniram com Bush para informá-lo a respeito, em 6 de setembro de 2002, Franks disse: "Senhor presidente, procuramos por mísseis Scud e outras armas de destruição em massa por dez anos e não encontramos nenhuma ainda, então eu não posso dizer que saiba da existência de qualquer arma específica em algum lugar. Não vi nem um Scud sequer."[24] As agências de inteligência também não dispunham de evidências fortes de que o Iraque possuísse ADMs.[25] Além disso, os inspetores da ONU foram incapazes de encontrar qualquer evidência desse tipo de aparato entre novembro de 2002 e março de 2003, apesar da liberdade que tiveram para procurar em qualquer lugar que quisessem no Iraque. E, claro, se o governo dos Estados Unidos soubesse onde essas armas estavam, poderia ter alertado os inspetores da ONU e os ajudado a encontrá-las.

Pois, apesar dessa falta de provas concretas, o vice-presidente Dick Cheney disse à Associação de Veteranos de Guerra dos EUA, no final de agosto de 2002, que não havia "dúvidas de que Saddam Hussein tem armas de destruição em massa. Não há dúvida de que ele as está acumulando para usá-las contra nossos amigos, contra nossos aliados e contra nós."[26] O secretário de Estado Colin Powell diria um mês mais tarde que "não há dúvida de que ele tem estoques de armas químicas".[27] E em 5 de fevereiro de 2003 ele disse à ONU: "Não pode haver dúvida de que Saddam Hussein dispõe de armas biológicas e da capacidade para produzir mais, muito mais."[28] Seguindo o exemplo, o presidente Bush disse, em 17 de março de 2003: "Informações recolhidas por este e outros governos não deixam dúvidas de que o regime iraquiano continua a possuir e esconder algumas das armas mais letais já concebidas."[29] Naquele mesmo mês, o secretário Rumsfeld foi ainda mais longe, ao dizer que os Estados Unidos sabiam que Saddam possuía armas de destruição em massa porque "sabemos onde elas estão".[30]

Outro exemplo dessa linha de enganação foi a afirmação do vice-presidente Cheney, em 8 setembro de 2002, de que "sabemos, com absoluta certeza, que ele [Saddam] está usando seu sistema de aquisições para adquirir os equipamentos de que necessita a fim de enriquecer urânio para construir uma arma nuclear".[31] Os equipamentos a que Cheney se referia eram os amplamente discutidos tubos de alumínio que o Iraque tinha adquirido no estrangeiro. Entretanto, houve forte discordância no interior da comunidade de inteligência a respeito do objetivo final desses tubos. Alguns analistas argumentaram que eles haviam sido projetados para as centrífugas que ajudariam a produzir armas nucleares. Mas outros, incluindo especialistas no Departamento de Energia, órgão com o maior conhecimento técnico sobre o assunto, acreditavam (corretamente) que eles haviam sido concebidos para lançadores de foguetes.[32] De maneira geral, havia sérias dúvidas no seio da comunidade de inteligência sobre se Saddam tinha reconstruído seu programa de armas nucleares.[33] Em suma, não se sabia com "certeza absoluta" que o Iraque estivesse tentando adquirir tubos de alumínio para enriquecer urânio.

Terceiro, o governo Bush fez inúmeras declarações antes da guerra que foram projetadas para sugerir que Saddam havia sido em parte responsável pelos atentados do 11 de Setembro. Mas o presidente e seus assessores nunca disseram explicitamente que ele estava ligado àqueles acontecimentos. O objetivo, claro, era levar a opinião pública americana a chegar a uma conclusão falsa sobre Saddam, sem afirmar claramente essa conclusão. Não é por acaso, então, que quando a guerra começou, em meados de março de 2003, cerca de metade do povo americano acreditava que o ditador iraquiano havia ajudado a derrubar o World Trade Center.[34] No entanto, não há qualquer evidência de que Saddam estivesse envolvido nos ataques de 11 de setembro de 2001, como o presidente George W. Bush, o vice-presidente Dick Cheney, a conselheira de Segurança Nacional Condoleezza Rice, o secretário da Defesa Donald Rumsfeld e o subsecretário da Defesa Paul Wolfowitz admitiriam todos quando diretamente confrontados com a questão.[35]

Não obstante a inexistência de provas, o governo fez um grande esforço para instigar a falsa conexão na mente do povo americano. Por exemplo, quando o senador Mark Dayton, do Partido Democrata de Minnesota, pediu a Rumsfeld, em 19 de setembro de 2002, que explicasse o que estava "nos obrigando agora a tomar uma decisão precipitada e iniciar uma ação precipitada" contra o Iraque se os Estados Unidos não se sentiram compelidos a fazê-lo anteriormente, o secretário da Defesa respondeu: "O que é diferente? O que é diferente é que 3 mil pessoas foram mortas ... O que há de novo é a ligação entre redes terroristas como a Al-Qaeda e países terroristas como o Iraque."[36] Em sua carta de 18 de março de 2003 ao Congresso apresentando a justificativa para invadir o Iraque, o presidente Bush escreveu que os Estados Unidos estavam dentro de seus direitos legais "de tomar as medidas necessárias contra os terroristas internacionais e as organizações terroristas, incluindo nações, organizações ou pessoas que planejaram, autorizaram, cometeram ou auxiliaram os ataques terroristas ocorridos em 11 de setembro de 2001".[37]

Mesmo depois da queda de Bagdá, em abril de 2003, Bush e seu assessores continuaram a sugerir que a guerra no Iraque estava diretamente ligada ao 11 de Setembro. Por exemplo, quando o presidente falou no convés do USS *Abraham Lincoln*, em 1º de maio de 2003, disse a sua audiência: "A batalha do Iraque é uma vitória na guerra contra o terror que começou em 11 de setembro de 2001 e que ainda continuará." E ele prosseguiu: "A libertação do Iraque é um avanço crucial na campanha contra o terror. Derrubamos um aliado da Al-Qaeda e eliminamos uma fonte de financiamento do terrorismo ... Não nos esquecemos das vítimas do 11 de Setembro, seus últimos telefonemas, o assassinato a sangue-frio de crianças, as buscas nos escombros. Com aqueles ataques, os terroristas e seus simpatizantes declararam guerra aos Estados Unidos, e guerra foi o que eles receberam."[38]

O vice-presidente Cheney, que também desempenhou um papel fundamental na difusão dessa mentira, disse, em 14 de setembro de 2003, que, se os Estados Unidos triunfassem no Iraque, "teremos dado um golpe certeiro no coração da base, digamos, da base geográfica dos terroristas que nos mantiveram sob assalto por muitos anos, mas principalmente no 11 de Setembro".[39] Mais uma vez, não há provas de que Saddam estivesse em conluio com Bin Laden, muito menos que o ditador iraquiano tenha ajudado a Al-Qaeda de alguma maneira no 11 de Setembro. O governo Bush sem dúvida continuava martelando ainda essa história adulterada para sustentar o apoio à Guerra do Iraque, apoio que havia começado a enfraquecer no final do primeiro semestre de 2003.[40]

Em quarto lugar, no ano anterior à guerra, o presidente Bush e seus conselheiros frequentemente diziam que esperavam encontrar uma resolução pacífica para a crise do Iraque, e que o recurso à guerra era a última opção. Por exemplo, Bush disse ao primeiro-ministro italiano Silvio Berlusconi, em 30 de janeiro de 2003, que não havia tomado uma decisão sobre se usaria a força contra o Iraque, e então disse ao povo americano, com Berlusconi ao seu lado, que ainda era possível evitar a guerra, embora o tempo estivesse se esgotando.[41] Na semana seguinte, em Munique, Rumsfeld afirmou publicamente: "Ainda esperamos que a força não seja necessária para desarmar Saddam Hussein ... Permitam-me falar abertamente: ninguém quer a guerra."[42]

Na verdade, o governo Bush já havia decidido pela guerra em meados de 2002, se não mais cedo, e a decisão de lidar com Saddam indo à ONU em setembro de 2002 foi planejada para oferecer cobertura diplomática ao conflito, não para evitá-lo. Por exemplo, Richard Haass, o chefe de Planejamento Político do Departamento de Estado, diz que soube que a guerra seria inevitável depois de uma reunião com Condoleezza Rice no início de julho de 2002. Ele perguntou à conselheira de Segurança Nacional se fazia sentido "colocar o Iraque no centro da pauta neste momento, considerando a guerra contra o terrorismo e outras questões. E ela disse essencialmente que a decisão havia sido tomada, e para não desperdiçar meu fôlego."[43]

Mais ou menos na mesma época, os políticos britânicos concluíram que o governo americano estava empenhado na guerra contra o Iraque. O ponto de vista deles está resumido na ata de uma reunião presidida pelo primeiro-ministro Tony Blair em 23 de julho de 2002. Ele diz: "C [o chefe do Serviço Secreto de Inteligência Britânico] fez um relato sobre suas recentes conversas em Washington. Houve uma perceptível mudança de atitude. A ação militar é agora vista como algo inevitável. Bush quer tirar Saddam do poder, por meio da ação militar, justificada pela conjunção de terrorismo e ADMs." E ele prosseguiu: "O secretário de Relações Exteriores disse que iria discutir o assunto com Colin Powell esta semana. Parece claro que Bush está decidido a lançar uma ação militar, mesmo que o momento não tenha sido decidido ainda."[44] Por fim, Bush se reuniu com Colin Powell em 13 de janeiro de 2003 e lhe disse que tinha decidido ir à guerra contra o Iraque.[45] Como se vê, esse encontro teve lugar algumas semanas antes de Bush dizer à população americana e a Berlusconi que ainda seria possível evitar o uso da força contra Saddam e algumas semanas antes de Rumsfeld dizer a uma plateia de Munique que a guerra não era inevitável.[46]

Por que os líderes difundem o medo

Líderes se empenham em difundir o medo quando acreditam reconhecer uma ameaça séria à segurança nacional que a população não enxerga e que essa população não será levada por um discurso direto e honesto a avaliar corretamente.[47] Eles concluem que a única forma de mobilizar os cidadãos a fazer o que é certo é enganá-los para seu próprio bem. A difusão do medo, que é uma forma simples de comportamento de cima para baixo, é antidemocrática em sua essência, embora os líderes recorram a ela porque acreditam ser pelo interesse nacional, e não em benefício pessoal.

Há uma série de razões pelas quais os cidadãos médios podem não ser capazes de compreender uma ameaça específica. Eles podem não estar suficientemente interessados em questões internacionais para perceber que seu país está diante de um perigo iminente, mesmo quando seus líderes lhes oferecem provas francas da ameaça. Além disso, poderiam não ser coletivamente espertos o suficiente para reconhecer uma ameaça específica. Também é possível que esses cidadãos mostrem-se pouco firmes quando confrontados com uma ameaça alarmante. Em suma, a população geral pode estar sujeita a uma combinação de ignorância, estupidez e covardia. Quando isso acontece, de acordo com essa lógica, as elites governantes têm que dar um empurrão em seu povo a fim de que ele se levante para enfrentar o desafio.

Um bom exemplo desse tipo de raciocínio posto em ação foi a forma como o governo Truman tentou vender para o povo americano um grande aumento nos gastos de defesa no começo de 1950.[48] O presidente e seus principais conselheiros de política externa acreditavam que a opinião pública não apoiaria plenamente o aumento proposto e, portanto, seria necessário iniciar uma "campanha de terror psicológico". É claro que, quando os políticos levam um país por esse caminho, inevitavelmente se sentirão pressionados a contar mentiras para assustar seu povo o suficiente, de modo que este apoie entusiasticamente as políticas planejadas pelo governo.

É muito mais difícil argumentar que as elites educadas que discutem a gravidade de uma ameaça sejam ignorantes ou imbecis. Isso é particularmente verdadeiro quando se está lidando com especialistas no assunto em questão. Pode haver o caso, no entanto, em que se perceba que esses dissidentes educados e interessados possuem uma visão rala da política internacional e, portanto, é necessário exagerar um pouco a ameaça para endurecer suas espinhas. Também pode ser que eles simplesmente estejam interpretando erroneamente os dados disponíveis sobre o perigo que seu país enfrenta e estejam traçando conclusões excessivamente otimistas sobre o ambiente de ameaça. E, se os líderes não puderem resolver esse problema fornecendo aos dissidentes equivocados informações mais detalhadas, a única solução que resta é a difusão do medo.

No entanto, é improvável que a ideia de ludibriar essas elites recalcitrantes funcione, porque os dissidentes são por definição bem-informados sobre o assunto em questão e, portanto, difíceis de enganar. Uma abordagem alternativa, que é mais provável que funcione, é a utilização da difusão do medo para mobilizar a população geral de forma a fazê-la suspeitar dos teimosos especialistas, ou mesmo os hostilizar. Esses especialistas serão isolados e considerados suspeitos, e talvez até mesmo fiquem preocupados com suas carreiras, o que os tornaria mais propensos a moderar suas críticas ou permanecer em silêncio, ou talvez até mudar subitamente de lado e passar a dar apoio à política do governo. Leslie Gelb, ex-presidente do Conselho de Relações Exteriores, reconheceu candidamente que esse tipo de amedrontamento o fez apoiar a Guerra do Iraque em 2003: "Meu apoio inicial à guerra foi sintomático de tendências infelizes manifestadas no interior da comunidade de política externa, especificamente a disposição e o incentivo para dar apoio à guerra a fim de manter a credibilidade política e profissional."[49]

E existe uma explicação alternativa de por que os líderes por vezes recorrem à difusão do medo que é menos depreciativa da opinião pública. É possível que o sistema político de um país esteja propenso à paralisia e, portanto, incapaz de responder em tempo hábil a uma séria ameaça. O inexperiente governo americano sob os Artigos da Confederação certamente se encaixa nessa descrição, e alguns até chegam a afirmar que o sistema de *checks and balances** estabelecido pela Constituição é contraproducente para reconhecer e lidar com ameaças externas em tempo hábil.[50] Os líderes terão poderosos incentivos para difundir o medo quando a máquina governamental for esclerosada, porque inflamar o povo pode ser a única maneira de forçar o sistema político à ação para enfrentar um perigo iminente.

É razoavelmente fácil para os políticos mentir para seu povo. Para começar, eles controlam o aparato de inteligência do Estado, o que lhes dá acesso a importantes informações de que o povo não dispõe e não tem como obter, pelo menos a curto prazo. Os políticos, portanto, podem manipular o fluxo de informações para a população de várias formas, e a maioria das pessoas estará inclinada a acreditar no que seus líderes lhes dizem, a menos que haja provas concretas de que está sendo enganada. Além disso, o chefe de um país pode usar a tribuna privilegiada para manipular de diferentes formas o discurso sobre política externa, inclusive mentindo para o povo. Os presidentes americanos têm um poder significativo nesse campo.

---

* Literalmente, "freios e contrapesos", mas a expressão tem sido usada em português sem tradução. Refere-se ao elemento do sistema baseado na divisão de poderes – e que teria surgido a partir das ideias de Montesquieu – que corresponde às maneiras como um poder limita a ação dos outros e por eles é limitado, a fim de que nenhum deles assuma a supremacia. (N.T.)

Mentir para o público é relativamente fácil por outra razão. Como foi observado, é difícil para os estadistas mentir uns para os outros sobre questões importantes, porque não há muita confiança entre os países. A anarquia impele os Estados a ser vigilantes em suas relações recíprocas, especialmente quando questões de segurança nacional estão em jogo. Mas issso não é o que ocorre no interior da maioria dos países, nos quais um grande número de pessoas, incluindo as elites educadas, está predisposto a confiar em seu governo, cuja mais importante tarefa, afinal, é proteger essas pessoas. Robert McNamara disse certa vez que "é inconcebível que alguém, mesmo que apenas minimamente familiarizado com nossa sociedade e nosso sistema de governo, possa suspeitar da existência de uma conspiração" para provocar uma guerra.[51] Muitos americanos prontamente endossariam a afirmação de McNamara, uma vez que eles esperam que seus líderes sejam corretos com eles. Essa confiança, é claro, é o que faz com que o povo seja fácil de enganar, e é por isso que o comportamento descrito por McNamara como inconcebível não apenas é imaginável, como dispomos de provas dele.

Pode-se supor que a difusão do medo não compensa porque o mentiroso acaba por ser descoberto e punido pelo povo. Ele pode perder a credibilidade que possuía com seus cidadãos ou até mesmo perder votos quando concorrer à reeleição. Essas possibilidades não são muito impeditivas, entretanto, principalmente porque os líderes que mentem para seus povos pensam que podem escapar delas. Para começar, não é garantido que as mentiras serão reveladas em futuro próximo. Levou mais de trinta anos para se tornar de conhecimento público que o presidente Kennedy mentira sobre como resolveu a crise dos mísseis cubanos. Conforme será discutido no próximo capítulo, ele fechou um acordo secreto com os soviéticos, segundo o qual os Estados Unidos retirariam seus mísseis Júpiter da Turquia, em troca de os soviéticos retirarem seus mísseis de Cuba. Mas Kennedy e seus conselheiros negaram ter feito esse acordo durante e após a crise.

Além disso, os mentirosos estão propensos a pensar que, mesmo se forem pegos, poderão contar com advogados espertos e amigos nas altas rodas para ajudá-los a criar uma defesa inteligente, a fim de que possam escapar de uma punição. Finalmente, e mais importante, os líderes que se empenham em difundir o medo invariavelmente acreditam que sua avaliação da ameaça esteja correta, mesmo que estejam mentindo sobre alguns dos detalhes. Creem estar do lado certo e estar fazendo aquilo para o bem do país. Assim, suas mentiras importarão pouco a longo prazo se eles expuserem a ameaça como ela é e a tratarem de maneira eficaz. Em outras palavras, o resultado final justifica os meios.

Essa linha de raciocínio certamente deu suporte à campanha de enganação promovida pelo governo Bush na preparação para a Guerra do Iraque, e provavelmente teria dado certo se os Estados Unidos tivessem tido uma vitória retumbante, como aconteceu na guerra contra o Iraque em 1991. Um comentário de Richard Cohen, colunista do *Washington Post*, em novembro de 2005, quando a segunda Guerra do Iraque estava indo mal, ilustra o poder purificador de uma vitória militar: "Quase se poderia perdoar o presidente Bush por travar a guerra sob pretextos falsos ou equivocados se houvesse um Oriente Médio melhor e mais democrático saindo dela."[52]

Quando as elites tendem a difundir o medo

O tipo de regime influencia a tendência à difusão do medo. Em particular, é mais provável em democracias do que em autocracias, porque em países democráticos os líderes são mais tributários da opinião pública. Naturalmente, nem todos os líderes democraticamente eleitos supõem que seu povo precise ser enganado porque não pode avaliar os fatos de uma situação corretamente ou lidar com a verdade, mas alguns suporão. Há realmente uma rica tradição desse tipo de pensamento na direita americana, que acredita amplamente que as democracias estão em desvantagem quando competem contra não democracias, porque a população em geral seria um obstáculo ao desenvolvimento de uma política externa inteligente e corajosa. Essa linha de raciocínio se tornou evidente ao longo da Guerra Fria, especialmente entre neoconservadores e radicais como James Burnham e Jean-François Revel, que pensavam que os cidadãos no Ocidente democrático estavam propensos a apaziguar em vez de enfrentar seus adversários perigosos.[53]

O pensamento neoconservador sobre a incapacidade da população em geral para lidar com a verdade é resumido no seguinte comentário de Irving Kristol, um dos pais fundadores do movimento: "Existem diferentes tipos de verdade para diferentes tipos de pessoas. Existem verdades apropriadas para crianças; verdades que são apropriadas para os alunos; verdades que são adequadas para adultos educados; verdades que são adequadas para os adultos altamente instruídos, e a noção de que deve haver um conjunto de verdades acessíveis a todos é uma falácia da democracia moderna. Isso não funciona."[54] Essa perspectiva, no entanto, não está restrita aos conservadores, como fica evidente na leitura de *The Phantom Public* [*O público-fantasma*], de Walter Lippmann, que não era um homem de direita.[55]

Esse tipo de comportamento pode ser mais predominante em democracias, mas não está limitado a elas, porque, na era do nacionalismo, mesmo os líderes dos países não democráticos prestam atenção à opinião pública. Hitler, por exemplo, acompanhava de perto o que o povo alemão estava pensando sobre todos os tipos de questões e fez um grande esforço para assegurar que suas políticas contassem com generalizado apoio público. Seu regime, como nos lembra Ian Kershaw, estava "absolutamente consciente da necessidade de se fabricar o consenso".[56] No entanto, quanto mais autocrática ou mais firme for o punho autocrático em uma sociedade, menos provável a necessidade de difusão de medo.

A geografia também influencia a probabilidade de difusão do medo. Países que partilham a fronteira com um adversário ameaçador usualmente têm pouca necessidade de exagerar uma ameaça, principalmente porque ela mora ao lado e está a uma distância de ataque fácil. Nesses casos, a opinião pública pode ser capaz de reconhecer e temer seu vizinho de porta. Por outro lado, países que não compartilham a fronteira com um oponente perigoso estão mais propensos a ter motivos para contar com a difusão de medo. É provável que um inimigo distante pareça menos assustador do que um inimigo próximo, dando aos líderes motivos para ter que exagerar a ameaça. Países separados de seus principais adversários e aliados por grandes massas de água – chamo esses países de *offshore balancers** – estão

* Literalmente, "equilibradores de além-mar". A expressão é usada na abordagem realista das relações internacionais. O termo é empregado por

particularmente inclinados à difusão de medo, porque a água é uma formidável barreira defensiva.[57]

Comparando o conjunto de recursos ao exagero de ameaças das grandes potências durante a Primeira Guerra Mundial, é possível perceber como a geografia influencia a retórica utilizada pelos líderes para descrever seus adversários. Houve muito menos difusão do medo sobre a ameaça alemã na França e na Rússia do que houve no Reino Unido e nos Estados Unidos. Isso não é nada surpreendente, uma vez que os dois países anglo-saxões são *offshore balancers*; em contraste, França e Rússia não apenas compartilhavam fronteiras com o *Kaiserreich*, como estavam enfrentando o Exército alemão em seu próprio território. A própria Alemanha tinha pouca necessidade de exagerar a ameaça durante a guerra, uma vez que estava lutando contra adversários localizados tanto na fronteira oriental quanto na ocidental.

Por fim, os líderes que promovem guerras de escolha – especialmente *guerras preventivas* – estão mais propensos a promover a difusão do medo. É difícil motivar o povo a apoiar uma guerra preventiva, que ocorre quando um país ataca outro que não seja uma ameaça iminente naquele momento, mas que pode se tornar em algum momento do futuro. Como a ameaça não é séria naquele instante, é improvável que a sensação de perigo seja forte junto à população. Além disso, dada a dificuldade de prever o futuro, muitos cidadãos estão inclinados a pensar que a ameaça pode nunca se materializar por uma razão ou outra.

Mearsheimer para se referir a potências que, em vez de intervir em uma região, apoiam mais de uma potência local, para que nenhuma delas consiga a hegemonia da região. (N.T.)

Guerras preventivas também são proibidas pelo direito internacional, bem como na teoria da guerra justa, o que as torna algo difícil de vender em muitos países ao redor do mundo. Por essas razões, muitas pessoas, incluindo especialistas, preferem adotar uma política de "esperar para ver" e se manter na esperança de que o problema nunca se manifeste. A fim de se opor a essa paralisia, os defensores da guerra difundem o medo para criar a impressão de que o país está diante de uma ameaça imediata e que estão defendendo uma *guerra preemptiva*, que é aquela que tem lugar quando um país ataca um adversário que está prestes a atacá-lo. Guerras preemptivas, que constituem essencialmente uma forma de autodefesa, são amplamente reconhecidas como legais, além de justas.[58]

Quanto à preparação para a última Guerra do Iraque, é importante notar que os Estados Unidos são uma democracia, assim como um *offshore balancer*, e estavam tentando vender uma guerra preventiva. Não surpreendentemente, o governo Bush contou mentiras e lançou mão de outros tipos de enganações para criar a impressão de que Saddam era uma ameaça iminente e que os Estados Unidos estariam, portanto, lutando uma guerra preemptiva, e não uma guerra preventiva.[59]

5. Acobertamentos estratégicos

Os acobertamentos estratégicos podem assumir duas formas. Líderes podem mentir sobre uma política que deu muito errado. A razão motivadora para o falseamento é proteger os interesses do país, não os indivíduos responsáveis pelo fracasso das políticas, apesar de isso geralmente ser uma consequência não intencional. Os líderes também podem mentir para esconder uma estratégia controversa, mas inteligente, porque temem que ela encontre pesada resistência pública e não seja adotada. O objetivo neste caso não é esconder do corpo político uma política fracassada, mas implementar determinada política sem suscitar uma forte oposição. Em ambos os casos, no entanto, os líderes acreditam que há sólidas razões estratégicas para o acobertamento. Eles estão mentindo em nome do que julgam ser o bem do país.

Mentiras inter-Estados são dirigidas a outros países, enquanto a difusão do medo está voltada para a frente doméstica. Os acobertamentos estratégicos, diferentemente, em geral são destinados a ambas as audiências. Para ser mais específico, um líder empenhado no acobertamento de uma política controversa ou falha procurará sempre enganar seus cidadãos e frequentemente tentará ao mesmo tempo enganar outro país. Em outras palavras, o público-alvo do acobertamento estratégico pode ser tanto apenas a frente doméstica quanto a frente doméstica mais uma audiência estrangeira. Mas o alvo desse tipo de falseamento não pode ser apenas outro país, porque, nesse caso, estaríamos nos referindo a uma mentira inter-Estados.

Acobertamentos estratégicos, convém sublinhar, não são exemplos de omissão, que ocorre quando líderes enganam seu público-alvo dizendo quase nada sobre um problema importante de política externa. Com os acobertamentos estratégicos, os líderes estão lidando com assuntos internacionais dotados de uma face pública, em relação aos quais indubitavelmente serão apresentadas questões duras que o governo terá que responder. Nesses casos, porém, os líderes contarão mentiras porque acreditam que é de interesse nacional enganar seus concidadãos, e muitas vezes também enganar outros países.

Por que líderes se empenham em acobertamentos estratégicos

Os líderes por vezes procuram esconder o fracasso – e a incompetência que o causou – porque não querem transmitir fraqueza para um adversário que poderia explorá-la ou porque pensam que podem danificar suas relações com outros países. Obviamente, eles também se preocupam com a frente doméstica, na qual notícias sobre operações malrealizadas e inépcia podem minar a unidade nacional, que é especialmente importante quando se está em uma guerra prolongada que não vai bem.

Durante a Primeira Guerra Mundial, por exemplo, o marechal Joseph Joffre, comandante em chefe do Exército francês, estragou o planejamento para a Batalha de Verdun (1916) e, em seguida, dirigiu muito mal a batalha em si. Ele era claramente incompetente, e a maioria dos líderes políticos franceses sabia disso. Mas eles não podiam dizer ao público que o marechal era um inepto quando milhares de soldados franceses sob seu comando estavam sendo feridos ou mortos a cada semana. Eles temiam que revelar os verdadeiros fatos sobre Joffre enfraquecesse seriamente o moral na frente doméstica e pudesse prejudicar o esforço de guerra. Assim, os políticos omitiram da população suas discussões severas sobre Joffre e, mentindo, retrataram-no como um líder capaz. "A preocupação com o moral", como escreve o estudioso Ian Ousby, "salvou-o de cair em desgraça oficial."[1] E também teria sido insensato revelar para os alemães que as forças francesas que os enfrentariam em Verdun estavam em sérios apuros porque eram comandadas por um general incompetente.

O comportamento de Israel na sequência do infame massacre de Qibya é outro caso de um país acobertando uma política falha em nome do que seus líderes acreditavam ser boas razões estratégicas.[2] Em 14 de outubro de 1953, um comando chefiado pelo major Ariel Sharon entrou na aldeia de Qibya, na Cisjordânia, e assassinou 69 palestinos, cerca de dois terços dos quais mulheres e crianças. O ataque ocorreu em represália pela morte de uma mulher israelense e seus dois filhos pequenos um dia antes. As ordens do comando central de Israel, que supervisionava o ataque, estipulavam que o objetivo era "atacar a aldeia de Qibya, ocupando-a temporariamente, e matar o máximo possível, a fim de expulsar de suas casas os habitantes da aldeia".[3]

Houve então um enorme clamor por todo o mundo, inclusive da comunidade judaica americana, quando veio a público o que o Exército israelense havia feito em Qibya. Avi Shlaim, estudioso de Oxford, escreveu que "o massacre de Qibya desencadeou contra Israel uma tempestade de protestos internacionais de severidade sem precedentes na curta história do país".[4] E notícias sobre o ataque também estavam causando problemas ao governo de Israel na frente doméstica.[5] Totalmente conscientes da possibilidade de mais problemas em casa, para não mencionar o dano à posição internacional de Israel, os líderes do país tentaram salvar a situação mentindo. "Em 19 de outubro", conta o historiador israelense Benny Morris, o primeiro-ministro David Ben-Gurion "entrou no ar com uma descrição absolutamente fictícia do que aconteceu". Ele jogou sobre os colonos judeus a culpa do massacre na fronteira e disse: "O governo de Israel repudia com toda a força a absurda e fantasiosa alegação de que seiscentos homens das Forças de Defesa de Israel (IDF) tomaram parte nessa ação ... Estamos realizando uma minuciosa investigação e está claro, para além de qualquer dúvida, que nem mesmo uma unidade do Exército estava ausente de sua base na noite do ataque a Qibya."[6] Mas a mentira de Ben-Gurion não funcionou e, em 24 de novembro, o Conselho de Segurança da ONU aprovou uma resolução expressando "uma forte censura a essa ação".

Os líderes podem também mentir para encobrir uma política controversa que eles acreditam ser estrategicamente boa, mas que querem esconder de seu próprio povo e possivelmente também de outros países. O pressuposto básico é que provavelmente a maioria de seus concidadãos não possui a sabedoria suficiente para reconhecer as virtudes da política em questão. Portanto, faz sentido para os líderes adotar a política, mas esconder esse fato de seu povo, caso contrário a opinião pública poderia forçar o governo a abandoná-la, em detrimento do país. A mesma avaliação severa da capacidade do público de pensar com sabedoria que sustenta a difusão de medo está na base dos acobertamentos estratégicos.

Os esforços do presidente John F. Kennedy para levar a Crise dos Mísseis Cubanos a uma conclusão pacífica dão um bom exemplo de um líder mentindo para acobertar uma política polêmica.[7] Para encerrar aquela crise antes que ela se transformasse em uma guerra entre as superpotências, Kennedy concordou com a demanda soviética de retirar da Turquia os mísseis Júpiter americanos, armados com ogivas nucleares, e em troca os soviéticos retirariam seus mísseis de Cuba. O presidente entendeu que essa concessão não funcionaria bem com a opinião pública americana, especialmente com a direita, e também causaria danos às relações de Washington com seus aliados da Otan, especialmente a Turquia. Então ele disse aos soviéticos que eles não podiam falar abertamente sobre o acordo, ou então ele teria que negá-lo e, por fim, desfazê-lo. Ainda assim, houve suspeitas no Ocidente de que um acordo como aquele havia sido montado, e o governo Kennedy foi consultado sobre o assunto. O presidente e seus principais conselheiros mentiram, negando que tivesse havido um acordo para retirar os Júpiter da Turquia. Em retrospecto, parece ter sido uma mentira nobre, uma vez que ajudou a desarmar um confronto extremamente perigoso entre dois países dotados de armas nucleares.

Entre 1922 e 1933, o Exército alemão foi treinado na União Soviética, em clara violação do Tratado de Versalhes.[8] Os líderes alemães temiam que, se essas atividades fossem expostas, eles seriam fortemente criticados pela esquerda da República de Weimar, bem como pela Grã-Bretanha e pela França, e todas essas forças os pressionariam a acabar com esse arranjo valioso – embora ilegal. Não surpreendentemente, o governo alemão mentiu para ajudar a escondê-lo. Um caso ainda mais polêmico ocorreu no Reino Unido em meados dos anos 1950, quando o Parlamento começou a ouvir a história de que o governo colonial do Quênia mantinha um *gulag* para combatentes do grupo independentista Mau Mau.[9] O governo britânico temia que, se essa história se tornasse amplamente conhecida, a opinião pública forçaria o fim das violentas políticas da Grã-Bretanha no Quênia, o que provavelmente significaria a vitória do Mau Mau. Esse precedente, é claro, não seria bom para a manutenção do império como um todo. Para lidar com essas revelações explosivas, os líderes britânicos mentiram sobre o *gulag* queniano e mancharam a reputação dos indivíduos que tentaram expô-lo.

Finalmente, sabemos agora que o Japão chegou a uma série de acordos secretos com os Estados Unidos durante a Guerra Fria. Por exemplo, Tóquio concordou em 1969 em permitir que navios americanos com armas nucleares atracassem em portos japoneses.[10] Houve também um acordo secreto em que o Japão foi incumbido de ajudar a pagar uma grande parte do custo da alocação de tropas americanas em solo japonês. Esses acordos teriam causado enorme controvérsia caso tivessem se tornado públicos. Na verdade, o tumulto que se seguiria provavelmente teria obrigado os líderes japoneses a revogá-los, afinal a lei do país proibia navios com armas nucleares de entrar em portos japoneses. Mas, como as lideranças pensavam que os acordos eram de interesse nacional do Japão, eles foram escondidos da população. No entanto, não demorou muito para que especialistas independentes começassem a suspeitar de que aqueles acordos existissem, e os líderes japoneses foram diretamente confrontados sobre isso. Não é nenhuma surpresa que eles tenham respondido mentindo e negando que tais acordos tivessem sido feitos.

Quando acobertamentos estratégicos são prováveis

Estipular quando acobertamentos estratégicos são mais ou menos prováveis é um pouco complicado, porque esse tipo de enganação envolve dois tipos de comportamento – ocultamento de incompetência e mascaramento de políticas controversas – e dois diferentes públicos-alvo – outros países e o país do próprio líder.

Para começar, nos concentremos na questão de quando um líder é passível de mentir para ajudar a esconder de outro país uma política falha ou controversa. Não surpreendentemente, as circunstâncias que podem pressionar os líderes a empreender uma mentira inter-Estados aplicam-se igualmente aos acobertamentos estratégicos. Em ambos os casos, os líderes estão mentindo para outro Estado porque acreditam ser do interesse nacional. Isso significa que os líderes estão mais propensos a se envolver em acobertamentos estratégicos mirando países estrangeiros quando seu país está: (1) localizado em uma região perigosa; (2) envolvido em uma crise; (3) envolvido em uma guerra; ou (4) lidando com um rival em vez de com um aliado.

Acobertamentos estratégicos, naturalmente, são mais do que apenas mentiras inter-Estados; os líderes os direcionam para seu próprio povo da mesma forma que para o mundo exterior. Mascarar para o público interno a incompetência é mais provável de ocorrer em tempo de guerra, especialmente se o conflito é encarado como uma luta pela sobrevivência. O que está em jogo é algo tão elevado que os líderes não hesitarão em enganar seus cidadãos se eles pensarem que isso é necessário para evitar a derrota e vencer a guerra. Além disso, é relativamente fácil de esconder erros da população no meio de uma guerra, porque essa é uma circunstância em que os governos invariavelmente ganham de ampla margem de tolerância para limitar e manipular o fluxo de informações. Ademais, enganar é algo amplamente considerado um importante instrumento para se enfrentar um adversário fatal. Por fim, operações malconduzidas de uma forma ou de outra são comuns em quase todos os conflitos, o que significa que haverá abundância de oportunidades, bem como de incentivos, para utilizar acobertamentos estratégicos.[11]

E quanto às políticas controversas? Elas são mais propensas a ser escondidas do povo nas democracias do que em países não democráticos. A razão mais óbvia para isso é que os líderes em uma democracia precisam dar mais atenção à opinião pública, porque eles prestam contas de suas ações por meio de eleições regulares. Eles não podem enunciar uma política que acreditem ser sábia, mas certamente impopular, e, em seguida, ignorar suas consequências políticas. Nesses casos, os líderes têm poderosos incentivos para adotar a política mas não anunciar a decisão publicamente, e depois mentir se for necessário para encobrir o que fizeram. Há, sem dúvida alguma, *accountability** em países não democráticos, mas geralmente não tanto quanto em democracias. Assim, os líderes de Estados não democráticos estão menos inclinados a ocultar de seu povo uma política capaz de provocar dissenso que seus pares em democracias.

Também é provável que haja mais situações que encorajem os líderes a mentir para ajudar a esconder uma política controversa em uma democracia do que em uma não democracia. É muito comum nas democracias ocorrerem debates públicos vigorosos e disputados sobre questões de peso, o que significa que é quase certo que os líderes precisem responder a perguntas duras sobre as políticas adotadas. Há também um poderoso imperativo de transparência nas democracias, o que significa que os líderes devem apresentar respostas sérias a essas perguntas, o que inclui o fornecimento à população de uma quantidade razoável de informações sobre o tema em questão. Essas circunstâncias tornam difícil esconder uma política controversa sem mentir. Em contraste, não costuma haver grandes disputas públicas sobre políticas em países não

* O termo *accountability*, usado recorrentemente sem tradução nas ciências sociais e políticas em português, é derivado do substantivo *account*, cuja tradução mais adequada é "prestação de contas", ou seja, a apresentação, diante da requisição de outrem, de explicações ou motivos para uma ação. *Accountability*, nos estudos da vida pública, refere-se a um quadro no qual é reconhecida a legitimidade da exigência, por parte das pessoas – em especial dos cidadãos –, de haver prestação de contas, e em que existem dispositivos (formalizados ou não, mas especialmente os formais) para mobilizar essa cobrança. É um quadro ao mesmo tempo de atribuição de responsabilidade aos agentes públicos e de voz aos cidadãos. Os mecanismos formais de *accountability* vão, por exemplo, da exigência de divulgação de orçamentos públicos (prestando conta do que é gasto) à existência de corregedorias de polícia (prestando conta de ações policiais). (N.T.)

democráticos, o que torna mais fácil para os líderes ocultar políticas potencialmente causadoras de dissenso sem ter que mentir sobre elas. Logo, quando se trata de políticas controversas, há um incentivo mais forte para líderes democráticos mentirem do que para seus equivalentes em não democracias.

O resultado é que a probabilidade de os Estados acobertarem um desastre político ou dissimularem uma política controversa é usualmente determinada pelo mesmo conjunto de condições que influenciam a mentira inter-Estados, mas com duas importantes inflexões: acobertar políticas falhas é especialmente provável em tempos de guerra, e dissimular uma política controversa é especialmente provável em democracias.

6. Mitos nacionalistas

Com a ascensão do nacionalismo nos últimos dois séculos, numerosos grupos étnicos ou nacionais em todo o mundo criaram ou tentaram estabelecer seus próprios Estados, ou o que é comumente chamado de Estado-nação. Nesse processo, cada grupo criou seu próprio mito sagrado sobre o passado, que retrata esse grupo de forma favorável e apresenta grupos nacionais rivais sob um prisma negativo.[1] Stephen Van Evera, cientista político do Massachusetts Institute of Technology, argumenta que esses mitos chauvinistas "apresentam-se em três variedades principais: autoglorificação, autocaiação e difamação do outro".[2] Inventar esses mitos e os difundir de forma ampla invariavelmente requer mentir sobre o registro histórico, bem como sobre eventos políticos contemporâneos. "Erros históricos", como resumiu o teórico político francês Ernest Renan, "é um fator crucial na criação de uma nação."[3]

Por que as elites criam mitos nacionalistas

As elites que dominam o discurso de uma nação são em grande parte responsáveis por inventar seus mitos, e fazem isso por duas razões principais. Essas histórias falsas colaboram para estimular a solidariedade do grupo; elas ajudam a criar um forte sentimento de nacionalidade, que é essencial para construir e manter um Estado-nação viável. Em particular, essas ficções ajudam a oferecer aos membros de um grupo nacional a sensação de que são parte de um empreendimento nobre, do qual não apenas devem se orgulhar, mas pelo qual devem estar dispostos a suportar dificuldades significativas, incluindo lutar e morrer, se necessário. Essa necessidade de acentuar o lado positivo do passado de uma nação se reflete em uma lei aprovada pelo governo francês em fevereiro de 2005, que determinou que os cursos e os livros de história do ensino médio devem passar a enfatizar os aspectos positivos do colonialismo francês.[4]

A criação de mitos nacionais, no entanto, não é simplesmente um caso de elites fabricando histórias falsas e as transmitindo a seus povos. Na verdade, as pessoas comuns invariavelmente anseiam por esses mitos, querem ouvir histórias sobre o passado que as retratam como mocinhos e as nações rivais como bandidos. Com efeito, a mitificação nacionalista é impulsionada tanto a partir de baixo quanto de cima.

Elites também criam mitos nacionais para conquistar legitimidade internacional.[5] No entanto, os resultados nessa frente são geralmente pequenos, porque é difícil ludibriar estrangeiros com histórias que estão em desacordo com uma leitura adequada do registro histórico. Ainda assim, há duas possíveis exceções a essa regra. É possível que os líderes consigam vender seus mitos nacionais a um aliado próximo que tenha um interesse próprio em aceitar essas histórias falsas como verdadeiras. Na esteira da Segunda Guerra Mundial, por exemplo, as elites alemãs criaram o mito de que seus militares – a Wehrmacht – tinham pouco a ver com os assassinatos em massa de civis inocentes no front oriental durante aquela guerra brutal.[6]

Dizia-se que a SS – que representava uma fatia muito restrita da sociedade alemã e estava diretamente identificada com Hitler – era a grande responsável por aqueles vastos horrores. A Wehrmacht, de acordo com a lenda, tinha "mãos limpas".

Os Estados Unidos engoliram em grande parte essa história falsa durante os primeiros anos da Guerra Fria, porque estavam trabalhando em estreita colaboração com ex-nazistas, colaboradores nazistas e ex-membros da Wehrmacht, e também porque estavam comprometidos com a reabilitação do Exército alemão, tornando-o parte integrante da Otan. Não surpreendentemente, como observa Christopher Simpson em seu livro sobre o recrutamento de nazistas por Washington após a Segunda Guerra Mundial, "uma releitura das histórias da guerra mais populares publicadas no Ocidente durante aqueles anos, com algumas exceções isoladas, deixa a nítida impressão de que as selvagerias do Holocausto eram estritamente responsabilidade da SS, e, aliás, não de todos os SS".[7] A partir do final dos anos 1960, porém, pesquisadores alemães começaram a desvendar a verdadeira história, que era a de que a Wehrmacht tinha sido parte integral da máquina de matança alemã durante a Segunda Guerra Mundial. Mas, naquele momento, o novo Exército alemão (o Bundeswehr) e a Otan estavam bem-estabelecidos, e não era um sério problema político para os Estados Unidos aceitar a verdade sobre o que aconteceu no front oriental entre 1939 e 1945.

É também por vezes possível a um Estado com uma forte diáspora exportar seus mitos para os países em direção aos quais ocorre a diáspora. Talvez o melhor exemplo desse fenômeno envolva Israel e a comunidade judaica americana. Não havia nenhuma maneira pela qual os sionistas pudessem criar um Estado judeu na Palestina sem fazer uma limpeza étnica em larga escala da população árabe que lá vivia por séculos. Isso foi amplamente reconhecido pelas lideranças sionistas bem antes de Israel ser criado. A oportunidade de expulsar os palestinos surgiu no início de 1948, quando eclodiram os conflitos entre os palestinos e os sionistas na sequência da decisão da ONU de dividir a Palestina em dois Estados. Os sionistas limparam cerca de 700 mil palestinos da terra que se tornou Israel e foram inflexíveis na recusa a deixá-los voltar a suas casas quando a luta cessou. Naturalmente, essa história lança Israel no papel do agressor e teria tornado difícil para o Estado nascente fazer amigos e influenciar pessoas mundo afora, especialmente nos Estados Unidos.

Não surpreendentemente, Israel e os seus amigos americanos fizeram um grande esforço após os acontecimentos de 1948 para jogar a culpa das expulsões dos palestinos sobre as próprias vítimas. De acordo com o mito que foi então inventado, os palestinos não foram expulsos pelos sionistas. Em vez disso, eles teriam fugido de suas casas porque países árabes vizinhos disseram-lhes para sair, a fim de que seus exércitos pudessem entrar e empurrar os judeus para o mar. Os palestinos poderiam então voltar para casa, depois que os judeus tivessem sido expelidos do território. Essa história foi amplamente aceita, não apenas em Israel, mas também nos Estados Unidos, por cerca de quatro décadas, e desempenhou um papel fundamental para convencer muitos americanos a se colocar favoravelmente a Israel em seu conflito com os palestinos. Estudiosos israelenses, no entanto, demoliram esse mito e outros durante as últimas duas décadas, e uma nova história começou lentamente a afetar o discurso nos Estados Unidos a respeito do conflito israelo-palestino, o que tornou pelo menos alguns americanos menos simpáticos a ações passadas e presentes de Israel para com os palestinos.[8]

Quando as elites se empenham em uma mitificação nacionalista

Nações continuamente difundem seus mitos fundamentais porque a maioria dos indivíduos do grupo necessita dessas histórias para dar sentido a sua própria identidade, e porque os mitos promovem a solidariedade do grupo. Assim, pode-se dizer que a mitificação nacionalista ocorre o tempo todo. Naturalmente, essas histórias têm de ser atualizadas ao longo do tempo, conforme novas informações sobre o passado emergem, e novos mitos precisam ser criados para lidar com novos episódios significativos na história da nação. Assim, espera-se que a narração de mentiras nacionalistas se intensifique na esteira de guerras e de outros incidentes de grande importância em que há sérios debates sobre o comportamento do país em questão, o que pode até provocar renovadas controvérsias sobre antigas disputas que haviam sido postas em repouso. Nesses casos, as elites trabalharão dobrado para retratar sua nação da forma mais positiva possível e a nações rivais da pior forma possível.

Pode-se também esperar que a mitificação nacionalista seja especialmente intensa quando há sérias disputas sobre a fundação de um país. A legitimidade de um Estado está ligada de forma significativa às circunstâncias que rodearam seu nascimento, e a maioria das pessoas não quer pensar que seu país "nasceu em pecado". Quanta mentira surge nesses casos depende principalmente de dois fatores: o nível de brutalidade envolvido na criação do Estado-nação e quão recentemente isso aconteceu.

Especificamente, quanto mais brutal for o processo de construção do Estado, mais mau comportamento há para esconder, e, portanto, maior a necessidade de as elites mentirem sobre o que realmente aconteceu quando o país foi criado. Mitos de autocaiação, como observa Van Evera, são provavelmente os mais comuns dos três tipos de mentira nacionalista.[9] E, quanto mais recentes forem os acontecimentos relevantes, mais provável que as pessoas nos diferentes lados do conflito se lembrem e se importem profundamente com eles. Em suma, quando a fundação de um país é recente e cruel, as elites terão trabalho extra para fabricar uma história que retrate seu grupo nacional como cavaleiros de armadura brilhante, e o outro lado como o diabo encarnado.

Tomemos, por exemplo, os quinze Estados que emergiram dos escombros da antiga União Soviética. Houve pouca necessidade de as elites em qualquer desses países inventarem histórias falsas sobre como eles surgiram em 1991, principalmente porque a dissolução da União Soviética foi notavelmente pacífica. (Obviamente, todos esses Estados feitos de sobras têm grandes incentivos para mentir sobre outros aspectos da sua longa história, e o fazem.) Contrastemos esse conjunto de casos com as fundações de Israel e dos Estados Unidos, ambas as quais envolveram graves crimes contra os povos que viviam nas terras por eles invadidas e colonizadas. Não surpreendentemente, as elites israelenses e americanas têm se esforçado enormemente para passar uma demão de cal sobre essa história cruel. Mas há pouca exaltação a respeito disso nos Estados Unidos hoje, principalmente porque os controversos eventos em questão ocorreram há tanto tempo que parecem fazer parte da história antiga. A criação de Israel, por outro lado, é muito mais recente, e a maneira como ela aconteceu é um tema extremamente controverso, não apenas porque os palestinos têm uma voz cada vez mais forte, mas também porque um punhado de estudiosos (muitos dos quais israelenses) desafiaram os mitos fundadores de Israel. Como seria de esperar, a maior parte dos israelenses e de seus aliados americanos não mudou sua forma de pensar sobre o nascimento de Israel, e tem redobrado os esforços para vender seus mitos.

7. Mentiras liberais

HÁ UM CONJUNTO BEM-DEFINIDO de normas que prescrevem formas aceitáveis de comportamento do Estado e proscrevem condutas inaceitáveis tanto em períodos de paz quanto de guerra. Essas normas estão intimamente ligadas à teoria da guerra justa e, em sentido amplo, à ideologia liberal, e muitas delas estão codificadas no direito internacional.

A maioria dos estadistas afirma aceitar essas normas liberais e, invariavelmente, enfatiza seu compromisso com o estado de direito. Apesar disso, os líderes por vezes concluem que o interesse nacional obriga-os a agir de modo que contradiz essas regras. Esse comportamento inclui invadir outros países em busca de ganhos estratégicos e lançar guerras preventivas, bem como utilizar em conflitos métodos nada morais, que violem a teoria da guerra justa. Por exemplo, o cientista político Alexander Downes, da Duke University, mostra em seu livro seminal *Target Civilians in War* [*Mirando em civis na guerra*] que "o desespero por vender e por salvar vidas do nosso lado em dispendiosas e prolongadas guerras de atrito faz com que os beligerantes mirem em alvos civis do inimigo".[1] De fato, ele mostra que "as democracias são de alguma maneira mais passíveis de mirar em civis do que as não democracias". Lembremos que os Estados Unidos propositalmente mataram cerca de 900 mil civis japoneses nos últimos cinco meses da

Segunda Guerra Mundial, não por receio de perder a guerra, mas porque desejavam ganhar a guerra sem ter que invadir o território japonês.[2] O general Curtis LeMay, responsável por essa campanha de bombardeios assassinos, disse certa vez: "Se tivéssemos perdido a guerra, todos nós teríamos sido julgados como criminosos de guerra."[3]

Tal comportamento brutal de um Estado, no entanto, não se restringe à guerra. Os Estados Unidos, por exemplo, desempenharam o papel principal em fazer a ONU impor sanções econômicas ao Iraque de agosto de 1990 até maio de 2003. Esse embargo financeiro e comercial ajudou a criar um desastre humanitário, matando cerca de 500 mil civis iraquianos, de acordo com estimativas do Unicef.[4] E governantes também formam alianças com países particularmente odiosos quando acreditam que isso faz sentido do ponto de vista estratégico. Por exemplo, para derrotar a Alemanha nazista na Segunda Guerra Mundial, tanto o primeiro-ministro britânico Winston Churchill quanto o presidente americano Franklin D. Roosevelt trabalharam em estreita colaboração com Josef Stalin, que não era simplesmente um tirano, mas também foi um dos maiores assassinos em massa de todos os tempos.[5]

Quando os países atuam de alguma maneira contra as normas liberais ou o direito internacional, seus dirigentes costumam inventar histórias falsas projetadas para mascarar o que estão fazendo. Não é nenhuma surpresa que tanto as elites britânicas quanto as americanas – incluindo acadêmicos, jornalistas e políticos – tenham feito esforços consideráveis durante a Segunda Guerra Mundial para retratar Stalin com uma luz positiva, de modo que não parecesse que o Reino Unido e os Estados Unidos fossem dirigidos por estadistas cruéis que cooperariam com um assassino em massa para derrotar outro tirano.[6] Assim, ele era com frequência descrito amigavelmente como "Uncle Joe" [Tio Joe], enquanto a gritante diferença entre o sistema político americano e o soviético por vezes era minimizada, dando a impressão de que a União Soviética era também uma democracia.

O esforço dos aliados ocidentais para retratar Stalin como algo que ele não era foi submetido a um teste severo no início de 1943, quando se tornou evidente para Churchill e Roosevelt que, três anos antes, nos primeiros meses de 1940, os soviéticos haviam assassinado milhares de poloneses, a maioria dos quais oficiais do Exército, na floresta de Katyn.[7] Como um político britânico observou na época: "É obviamente algo muito incômodo, quando estamos lutando por uma causa moral e temos a intenção de tratar adequadamente os criminosos de guerra, que nossos aliados estejam suscetíveis a acusações desse tipo."[8] Apesar disso, o governo britânico foi direto ao trabalho jogando a culpa pelos assassinatos na Alemanha nazista, sabendo que os soviéticos eram os verdadeiros responsáveis. O Foreign Office britânico afirmou que "a história deve ser tratada como uma tentativa alemã de minar a solidariedade aliada", enquanto a Political Warfare Executive, uma unidade-chave do governo envolvida na guerra de propaganda, emitiu uma diretiva que dizia: "É nosso dever contribuir para assegurar que a história registre o incidente da floresta de Katyn como uma tentativa fútil da Alemanha para adiar sua derrota por métodos políticos."[9]

Outro caso de mentira liberal envolve os esforços da Alemanha nazista para culpar a Polônia pelo início da Segunda Guerra Mundial, em 1º de setembro de 1939. Naquele dia fatídico, Hitler disse ao Reichstag que tinha pacientemente aguardado por dois dias "que o governo polonês enviasse um plenipotenciário" para falar com ele, mas ninguém veio.[10] Hitler claramente insinuava que estava empenhado em encontrar uma solução diplomática para a diferença entre os dois países sobre o futuro de Danzig e do Corredor Polonês, mas a Polônia não cooperaria com ele, porque seus líderes não estariam interessados na paz. Então, depois de mencionar seu "amor à paz", Hitler alegou que a Polônia havia disparado os primeiros tiros contra alvos na Alemanha, e que a Wehrmacht estava apenas "respondendo ao fogo". A Alemanha, em outras palavras, estaria agindo em legítima defesa. Na verdade, os alemães tinham encenado uma série de incidentes de fronteira na noite de 31 de agosto, projetados para que parecesse que a Polônia tinha dado início à guerra, quando na verdade ela fora vítima de uma agressão nazista.

Um último exemplo diz respeito à estratégia de bombardeio aéreo britânica contra a Alemanha durante a Segunda Guerra Mundial. A partir dos primeiros meses de 1942, o Comando de Bombardeiros iniciou uma campanha contínua de bombardeio de área, o que garantia que muitos civis alemães morreriam. O governo britânico não quis dizer a seus cidadãos que estava propositalmente matando civis, porque essa era uma grave violação das leis de guerra. Em vez disso, os funcionários mentiram e disseram que os ataques se limitavam a alvos militares, porque "o bombardeio intencional de populações civis é em si proibido". Como observa o historiador Max Hastings, "do começo ao fim da guerra, os ministros prevaricaram – na verdade, mentiram categoricamente seguidas vezes – sobre a natureza da ofensiva de bombardeio".[11]

Por que as elites contam mentiras liberais

Pode-se pensar que não há necessidade de dizer mentiras liberais, uma vez que a maioria das pessoas compreende intuitivamente que a política internacional é uma área sórdida e perigosa, e que os países em algumas circunstâncias têm boas razões para agir de forma contrária às normas liberais ou ao direito internacional. Embora exista certo elemento de verdade nesse argumento, o fato é que a maioria das pessoas ainda prefere – sempre que possível – pensar que seu país está agindo com justiça, enquanto seus adversários não estão. Assim, os governantes às vezes mentem para acobertar o comportamento cruel de seu país porque seus cidadãos simplesmente não querem ouvir a verdade. A lógica aqui é semelhante à que sustenta a mitificação nacionalista. Obviamente, os líderes muitas vezes são levados a mentir porque querem se apresentar como membros da comunidade internacional responsáveis e cumpridores da lei e por vezes porque temem ser levados a julgamento futuramente. Mesmo Osama bin Laden sentiu a necessidade de explicar por que a Al-Qaeda teria justificativas para matar milhares de civis no 11 de Setembro.[12]

O fato é que muitas pessoas ao redor do mundo se identificam com aquele grupo bem-definido de normas liberais e regras que devem orientar o comportamento do Estado, e elas querem acreditar que seus governos agem de acordo com elas. O teórico político Michael Walzer sintetiza essa ideia quando escreve: "A evidência mais clara para a estabilidade dos nossos valores ao longo do tempo é o caráter imutável das mentiras que soldados e estadistas contam. Eles mentem para se justificar e, com isso, nos descrevem os contornos particulares da justiça."[13]

Além disso, assim como na mitificação nacionalista, os líderes contam mentiras liberais para conquistar legitimidade no exterior. Mas os ganhos são passíveis de ser tão pequenos neste caso quanto naquele, e pelas mesmas razões. Observadores externos podem apreciar de maneira bem mais clara o que realmente sucedeu nos eventos sobre os quais se está mentindo e, portanto, são difíceis de enganar. É óbvio, ocasionalmente é possível enganar muita gente em um país amigo, que tenha fortes incentivos, sejam eles ideológicos ou estratégicos, para crer em certos falseamentos liberais. Em suma, mentiras liberais são difíceis de vender no exterior, especialmente quando envolvem eventos recentes.

Quando as mentiras liberais são prováveis

Praticamente todos os líderes – estejam eles à frente de autocracias ou democracias – costumam justificar seus comportamentos em termos de normas liberais e do direito internacional, mesmo quando suas ações são principalmente motivadas pelo tipo de cálculo estratégico obstinado identificado com o realismo. No entanto, essa inclinação para a retórica liberal não cria problemas desde que o comportamento de um país seja consistente tanto com a doutrina realista quanto com a liberal, como muitas vezes é. Por exemplo, a participação dos Estados Unidos na luta contra o Japão imperial e a Alemanha nazista na Segunda Guerra Mundial era facilmente defensável tanto no campo moral quanto no estratégico. O mesmo poderia ser dito das decisões americanas de conter a União Soviética durante a Guerra Fria ou de ir à guerra contra o Iraque em 1991.

Os problemas surgem, entretanto, quando imperativos realistas e idealistas estão em contradição entre si. Nesses casos, as elites normalmente agem como realistas e falam como liberais, o que, invariavelmente, exige artifícios, incluindo a mentira.

8. A desvantagem de contar mentiras internacionais

Até agora, concentrei-me sobre os potenciais benefícios da mentira internacional. Mantive a ênfase em demonstrar o que os líderes poderiam ganhar para seu país endereçando mentiras a outros Estados ou a seu próprio povo. No entanto, existem custos tanto quanto benefícios associados aos diferentes tipos de mentiras internacionais que identifiquei. Pode até haver um preço a pagar quando uma mentira funciona como previsto.

Para analisar os aspectos negativos da mentira internacional – e peço que se lembrem de que estou olhando para a questão de uma perspectiva estritamente utilitarista –, é necessário considerar como cada um dos cinco tipos de mentira afeta a política doméstica de um país, bem como sua política externa. Diferentes critérios são necessários para avaliar os possíveis efeitos negativos da mentira em cada esfera. Permitam-me começar descrevendo o critério principal para a política doméstica.

Uma mentira penetrante inevitavelmente causará graves danos a qualquer corpo político, porque criará uma nociva cultura de desonestidade.[1] Portanto, faz todo o sentido, e de maneira muito evidente, que os líderes e seus concidadãos trabalhem para minimizar a quantidade de mentiras que têm lugar em seu país. Essa não é uma tarefa simples, entretanto, porque por vezes há incentivos poderosos para os indivíduos mentirem e trapacearem para obter sucesso, muito embora esse comportamento egoísta seja ruim para a sociedade em geral. Basta pensar em Bernard Madoff, o investidor de Wall Street que fraudou milhares de clientes em bilhões de dólares. Obviamente, ele não está sozinho, razão pela qual os governos monitoram e regulam o comportamento de seus cidadãos em vários campos e pela qual as elites na maioria das sociedades rotineiramente condenam a mentira em assuntos políticos e econômicos domésticos.

Dada essa situação, contar mentiras internacionais levanta um perigo potencial extremamente preocupante. Especificamente, existe a possibilidade de que mentir sobre questões relativas à política externa possa ter um efeito de ricochete sobre a vida cotidiana dentro das fronteiras de um país. Em outras palavras, mentir na política internacional de forma visível – mesmo que isso faça todo o sentido estratégico – pode transbordar sobre a arena nacional e causar problemas significativos por legitimar e encorajar a desonestidade na vida cotidiana. Omissão e torção excessivas também podem ter consequências lamentáveis, mas o perigo desses artifícios enganosos não está nem perto do que a mentira desenfreada pode causar.

A mentira rotineira tem pelo menos quatro consequências perigosas para a vida na frente doméstica, todas as quais particularmente graves para democracias. Mentira generalizada torna difícil para os cidadãos em uma democracia fazer escolhas bem-informadas ao votar em candidatos ou em plebiscitos sobre questões do país, simplesmente porque há uma boa chance de que eles estejam baseando suas decisões em informações falsas. Como um eleitor pode considerar um político ou líder confiável quando é impossível saber a verdade sobre as ações dessa pessoa? Democracias funcionam melhor quando incluem um mercado de ideias razoavelmente eficiente, que só pode funcionar quando os cidadãos têm informações confiáveis e há altos níveis de transparência e honestidade.

Mentiras de funcionários do governo – uns para os outros ou para cidadãos – podem também paralisar o processo de decisão política de um Estado, seja este uma democracia ou não.[2] A principal razão é que os custos transacionais em um mundo de enganação são enormes, porque os políticos não podem confiar uns nos outros e, portanto, têm que dedicar tempo e recursos extras para obter garantias de que as informações que têm à disposição são precisas. Mas, mesmo quando operam com a devida diligência, eles ainda assim podem não obter todos os fatos corretos, caso em que suas decisões serão baseadas em informações falsas, o que aumentará muito as chances de empreenderem políticas equivocadas.

Além disso, uma situação de mentira promíscua pode prejudicar o estado de direito, que está no cerne da vida democrática. Patrick J. Fitzgerald, o procurador especial que, em outubro de 2006, indiciou o assessor da Casa Branca Lewis "Scooter" Libby por mentir sobre seu papel na revelação da identidade de uma agente da CIA, resumiu bem a questão quando disse: "A verdade é o motor do nosso sistema judicial. E se a verdade for comprometida, todo o processo está perdido."[3] Obviamente, as leis existem em parte para punir a mentira, o que significa que um pequeno grau de desonestidade é esperado em qualquer sociedade. Mas a mentira não pode estar generalizada; deve haver uma quantidade substancial de honestidade e confiança na vida pública para qualquer sistema legal funcionar de maneira eficaz. Considere, por exemplo, que George

Ryan – ex-governador de Illinois, que era inicialmente favorável à pena de morte – sentisse que tinha de suspender todas as execuções em seu estado por haver evidências convincentes de que muitos dos prisioneiros no corredor da morte foram condenados com base em mentiras e outras impropriedades.[4]

Finalmente, se a mentira estiver difundida em uma democracia, pode alienar as pessoas a tal ponto que elas percam a fé em um governo democrático e fiquem dispostas a aprovar alguma forma de governo autoritário. Afinal, é difícil ver como uma democracia poderia permanecer viável a longo prazo se as pessoas não tiverem respeito por seus líderes, porque acham que eles são um bando de mentirosos, e não respeitarem as instituições, porque pensam que elas são profundamente corruptas. Em suma, mentira demais pode causar sérios danos a qualquer corpo político.

Por outro lado, de que maneira a mentira internacional pode afetar a política externa de um país? Como salientado, os líderes mentem entre si e para seu próprio povo porque acreditam que isso serve ao interesse nacional. E o triste fato é que a mentira por vezes faz todo o sentido do ponto de vista estratégico. Se não fizesse, não haveria nenhuma boa justificativa para os vários tipos de mentiras descritos nos capítulos anteriores. Não obstante esse fato, mentir em algumas ocasiões sai pela culatra, caso em que um país pode se dar mal, em vez de se dar bem por ter contado uma mentira específica. Portanto, a questão-chave para avaliar os desdobramentos da mentira internacional é: quais os tipos de mentiras são mais passíveis de dar errado e ter consequências estratégicas danosas?

Em suma, o *potencial de ricochete* é o principal critério para avaliar as consequências da mentira internacional na frente doméstica, enquanto o *potencial de tiro pela culatra* e de causar a um país mais danos do que bens é o critério primordial no campo da política externa.

Os perigos da mentira inter-Estados

É pouco provável que mentiras inter-Estados causem problemas sérios em casa. O risco de ricochete é mínimo, em parte porque os líderes não mentem uns aos outros com muita frequência. O principal motivo, porém, é que a maioria das pessoas entende que o conjunto de regras usado na política internacional é diferente daquele utilizado na política interna. Em particular, elas entendem que os líderes têm por vezes que mentir e trapacear em suas relações com outros países, especialmente quando lidam com um adversário perigoso. Para bem ou para mal, a mentira é amplamente aceita como uma ferramenta indispensável, embora desagradável, da política externa. É por isso que estadistas e diplomatas raramente são punidos quando pegos em mentiras inter-Estados. Em contraste, mentir é geralmente considerado errado quando o assunto é de âmbito nacional, principalmente porque a sobrevivência de um país raramente está em jogo quando se trata de política doméstica.

Pode parecer algo não realista pensar que é possível compartimentalizar a mentira inter-Estados do jeito como descrevi sem incitar ou legitimar a mentira na frente doméstica. Mas não é verdade; podem ser estabelecidos limites razoavelmente claros para estipular quando a mentira é aceitável e quando não é. Basta lembrar que a maioria de nós aceita que há circunstâncias excepcionais em nossa vida cotidiana nas quais estamos autorizados a mentir, sem que esse comportamento se torne aceito em situações normais. Por exemplo, quando eu era cadete em West Point nos anos 1960, havia um rígido código de honra, que declarava enfaticamente que um cadete não mente, não engana e não rouba, nem tolera aqueles que o fazem. No entanto, éramos autorizados a contar mentiras brancas – isso era chamado de "honra social" – nos casos em que pudéssemos ferir os sentimentos de alguém por conta de uma questão trivial. Para citar um exemplo popular na época: se você fosse à casa de seu oficial e a esposa dele servisse uma refeição horrível, seria aceitável dizer-lhe que a comida estava deliciosa. Nós claramente compreendíamos, no entanto, que mentir em situações sociais difíceis como aquela não nos dava licença para mentir em outras condições.

Como vimos, a mesma lógica aplica-se à negociação a respeito de uma casa ou um carro. As pessoas estão autorizadas a mentir sobre seu preço de reserva – isso faz parte do jogo –, mas isso não significa que elas estejam livres para mentir em seus outros assuntos. A política inter-Estados é outro domínio bem-definido no qual a mentira é geralmente considerada aceitável, e no qual não há grande perigo de transbordamento ou ricochete.

Voltando-me agora para as consequências internacionais, não há dúvida de que a mentira inter-Estados pode sair pela culatra, assim como qualquer política que um governo empreenda pode falhar e prejudicar o interesse nacional. Mas não há nada de especial nesse tipo particular de mentira internacional que o torne propenso a sair pela culatra, como argumentarei no caso da difusão do medo e dos acobertamentos estratégicos. Além disso, os danos causados quando mentiras inter-Estados dão errado geralmente não são graves, o que não significa que não haja alguns custos.

Uma mentira contada por um estadista ou um diplomata a outro país pode dar errado de duas diferentes maneiras. Primeiro, ela pode ser desmascarada logo após ser contada, o que obviamente torna impossível que a mentira tenha o efeito pretendido. Mas e quanto às consequências para os líderes que mentiram? É improvável que sejam graves, porque o incentivo para a retaliação não seria grande, uma vez que a mentira foi descoberta antes que pudesse fazer algum mal ao país a que se destinava, e considerando que geralmente esse país não teria maneiras adequadas de punir os mentirosos. Uma possível opção é causar embaraço ao mentiroso, mas isso na verdade seria uma pena menor. E é pouco provável que essa sanção funcione bem, já que a maioria das pessoas entende que os líderes algumas vezes mintam uns aos outros para o bem de seus países. É difícil constranger um líder por mentir, ainda que ele falhe nessa operação e seja pego em flagrante.

O país-alvo poderá retaliar interrompendo negociações em curso ou empreendendo políticas de linha-dura contra o país que tentou enganá-lo. Nesse caso, a mentira exposta pioraria seriamente as relações entre os Estados envolvidos. No entanto, é improvável que isso aconteça, não apenas pelo fato de a mentira ter sido exposta e não ter sido bem-sucedida em atingir o alvo, mas também porque, como enfatizei repetidamente, é tido como natural que os Estados mintam uns para os outros. Não há dúvida de que uma mentira desmascarada pode contribuir para a deterioração das relações entre dois países, mas é altamente improvável que ela seja a principal força motriz dessa deterioração, quase certamente motivada por uma significativa disputa econômica ou política.

Um caso de tiro pela culatra que se encaixa nesse perfil ocorreu quando o governo Eisenhower foi pego contando um punhado de mentiras bastante óbvias sobre o incidente do U-2, nos primeiros meses de 1960.[5] O presidente se sentiu pessoalmente humilhado quando as mentiras foram reveladas, mas, o que é mais importante, ele estava se preparando naquele momento para se reunir com seu par soviético, Nikita Kruschev. Ambos os líderes esperavam melhorar as relações entre as superpotências e desacelerar a corrida armamentista nuclear. Mas a reunião de cúpula planejada foi por água abaixo, em parte devido às mentiras do governo sobre as missões do avião. O principal motivo pelo qual o encontro falhou, no entanto, foi o incidente ter revelado ao mundo que os Estados Unidos estavam violando o espaço aéreo soviético e que aviões de espionagem estavam operando sobre a União Soviética, o que causou sérios problemas políticos a Kruschev em casa e tornou difícil para ele se encontrar e cooperar com Eisenhower. Em suma, as mentiras que o presidente e seus assessores disseram a Moscou fizeram diferença, mas não tanta assim.

Pode-se argumentar que ser apanhado mentindo fere a reputação de um país, o que pode causar sérios danos a sua posição internacional. Como se sabe, a reputação é importante em uma esfera de *low politics*.[6] Se um país adotar a mentira como prática recorrente quando lidar com questões políticas econômicas e cotidianas, ele rapidamente desenvolverá uma reputação de desonestidade, o que desencorajaria outros países a interagir e cooperar com ele. Mas essa é uma das razões pelas quais há pouca mentira inter-Estados quando questões de *low politics* estão envolvidas, o que, evidentemente, torna a questão da reputação algo de pouca importância prática nesse domínio. Já na esfera de *high politcs*, na qual mentir parece ser mais frequente, mas ainda assim não comum, a reputação não importa muito.[7] Sempre que uma questão envolve diretamente a segurança de um país, seus dirigentes não podem se dar o luxo de prestar muita atenção à reputação dos outros países, principalmente porque nunca podem ter certeza de que não serão enganados por um Estado de boa reputação. Só porque um país foi dez vezes honesto não significa que ele será honesto na décima primeira vez. Ser tratado como otário não importa muito quando *low politics* for a questão, mas pode ter consequências desastrosas se a sobrevivência do país estiver sobre a mesa. Assim, quando os líderes lidam com questões que envolvem segurança nacional, eles descontam grande parte do comportamento passado de outros países, o que significa, na prática, que uma reputação danificada de maneira geral não é um preço alto a se pagar por ser pego mentindo.

Uma mentira inter-Estados pode sair pela culatra de uma segunda maneira. Especificamente, a enganação pode passar despercebida por um longo tempo, suficiente para que o destinatário seja ludibriado pela história falsa. Não obstante esse primeiro sucesso, a mentira não funciona como previsto e deixa o país que a contou em uma situação pior do que se não tivesse mentido. Em outras palavras, um líder pode ser bem-sucedido em contar uma mentira equivocada. Um bom exemplo desse fenômeno são as mentiras de Kruschev sobre os mísseis soviéticos na década de 1950. Ele exagerou o poderio bélico soviético para convencer os Estados Unidos a não ameaçar ou atacar a União Soviética e, em sentido mais geral, a respeitar os interesses e desejos de Moscou mundo afora. Mas, em vez disso, a alegada disparidade na quantidade de mísseis assustou os americanos e provocou a ampliação significativa da corrida armamentista, bem no momento em que Kruschev esperava retardá-la a fim de que Moscou pudesse gastar mais com programas econômicos e sociais. Como esse caso demonstra, mesmo mentiras bem-contadas por vezes saem pela culatra porque a política que sustentam é tremendamente falha.

Os perigos da difusão do medo

Diferentemente das mentiras que os líderes contam uns aos outros, a difusão de medo pode produzir consequências negativas tanto para a política interna quanto para a política externa de um Estado. Para começar, há um considerável potencial para os efeitos ricochetearem. Líderes que empreendem a difusão do medo demonstram certo desprezo por seu povo e pela democracia em geral. Afinal, eles estão mentindo porque não confiam que seus concidadãos possam compreender e apoiar a política externa adequada, mesmo que lhes deem uma avaliação simples e direta do quadro de ameaças. E acreditam que apresentar os fatos da situação de forma ainda mais clara e com mais força também não funcionaria. Portanto, para garantir que o país adote a política externa correta, pensam ser necessário exagerar a ameaça, lançando mão de mentiras sobre o adversário e empreendendo ainda outras formas de enganação.

O problema com esse tipo de comportamento é que a pouca consideração dos líderes pela opinião pública pode transbordar para a esfera doméstica. Uma vez que os líderes de um país concluam que os cidadãos não entendem questões importantes de política externa e, portanto, precisam ser manipulados, não falta muito para aplicar o mesmo tipo de pensamento às questões internas. Em essência, a difusão do medo faz com que seja difícil construir uma barreira de contenção entre as políticas interna e externa, porque o relacionamento entre os líderes e seu povo é basicamente o mesmo em ambos os domínios. Isso não quer dizer que não haja mais probabilidade de o imperativo de enganar ser maior quando questões de política externa estão sobre a mesa, devido à óbvia ligação dessa esfera com a segurança do país.

A difusão do medo também está propensa a sair pela culatra e a produzir verdadeiros fiascos na política externa. A raiz do problema é que o debate público sobre o quadro de ameaças não pode deixar de ser distorcido, uma vez que os líderes estão propositalmente enganando seu povo a respeito dos perigos enfrentados pelo país. Em essência, eles não acreditam que uma avaliação honesta da ameaça seja suficiente para levar a população a fazer a coisa certa. Naturalmente, pode haver circunstâncias em que os cidadãos sejam de fato um obstáculo para lidar de maneira eficaz com uma ameaça grave e, portanto, faz todo o sentido estratégico empreender uma campanha de difusão do medo. De fato, pode-se defender que a mentira de Roosevelt sobre o incidente do USS *Greer*, em 1941, era de interesse nacional, porque o povo americano não avaliava adequadamente o perigo que a Alemanha nazista representava para os Estados Unidos.[8]

Mas é também possível, talvez até provável, que as pessoas sejam basicamente inteligentes e responsáveis e que o motivo pelo qual os líderes estejam enfrentando dificuldades em convencê-las é que, na verdade, eles é que estão interpretando mal a ameaça e empreendendo uma política equivocada. Esse resultado é especialmente provável se o governo estiver enfrentando uma oposição substancial tanto de especialistas externos quanto da população em geral. Parece quase certo que os líderes que oferecerem argumentos sólidos serão capazes de defendê-los no mercado de ideias – pelo menos na maior parte das vezes – e não terão que mentir para os cidadãos, sobretudo para aqueles especialistas que conhecem o tema em questão. O fato de um líder se sentir obrigado a empreender uma campanha de difusão do medo significa que existe uma boa chance de ele estar interpretando de forma torta o quadro de ameaças e de a esfera pública tê-lo interpretado corretamente. Se for esse o caso, e o governo acabar por adotar uma política equivocada, quase certamente isso levará a sérios problemas.

Além disso, se os líderes mentirem enquanto promovem uma política errada, estarão propensos a perder o apoio popular quando o público descobrir que foi enganado, agravando os problemas do país. Foi o que aconteceu com o governo Johnson durante a Guerra do Vietnã e com o governo Bush durante a Guerra do Iraque. Em ambos os casos, tornou-se evidente, quando a guerra estava indo mal, que tinha havido uma séria enganação na preparação para o conflito. Porém, se estadistas e diplomatas são descobertos mentido sobre uma política que claramente alcançou seus objetivos, é pouco provável que a opinião pública os puna, simplesmente porque, na política internacional, nada faz tanto sucesso quanto o sucesso. Naturalmente, essa lógica ajuda, antes de mais nada, a convencer os políticos de que eles podem se safar com a difusão do medo.

As ameaças dos acobertamentos estratégicos

Acobertamentos estratégicos também podem levar a sérios problemas, tanto em casa quanto no exterior. Líderes que mentem para seus próprios cidadãos sobre políticas sejam falhas ou controvertidas obviamente acreditam que o povo é incapaz de lidar de maneira inteligente com essas questões. Tal como acontece com a difusão de medo, a situação é naturalmente propícia ao ricochete, porque os políticos que sustentam essa visão podem facilmente começar a pensar que os cidadãos também são incapazes de lidar de forma inteligente com importantes questões nacionais, o que abriria as comportas para a mentira na frente doméstica. E isso certamente teria consequências lamentáveis para qualquer corpo político.

Quanto problema pode ocorrer no campo da política externa depende do tipo de acobertamento e de como ele se desenrola. Consideremos primeiramente como a omissão de uma política controversa pode sair pela culatra. Um líder pode decidir sorrateiramente adotar uma política em particular depois de um debate público aberto e disputado, que o levou a concluir que a ação em questão é boa para o país, ainda que seja profundamente impopular em uma parcela substancial dos cidadãos. Ou pode se sentir compelido a adotar secretamente uma política antes de ela ter sido vigorosamente debatida em público, simplesmente porque ele antecipa que ela encontraria séria oposição. Em ambos os cenários, o líder terá que mentir caso seja questionado se a política acobertada foi adotada.

Há grande possibilidade de o tiro sair pela culatra em acobertamentos desse tipo, porque, sempre que os líderes falham em vender uma política para a população de forma racional e dentro das leis, haverá boa chance de que o problema seja com a política, não com a população. Isso é particularmente verdadeiro se um número considerável de especialistas externos se opuser ou se mostrar disposto a se opor à política em questão. No primeiro cenário, no entanto, há pelo menos um debate público, no qual os líderes são obrigados a ouvir e responder às preocupações de seus críticos, incluindo as de especialistas que conhecem bem os problemas. É provável que esse vaivém faça os líderes pensarem muito a respeito do curso de ação escolhido, o que reduz a probabilidade de eles estarem apenas acobertando uma política equivocada. Além disso, eles podem reconhecer alguns problemas da política escolhida e modificá-la de maneira inteligente. No segundo cenário, no entanto, no qual não há praticamente nenhum debate público, a probabilidade de que um líder reconheça as falhas de sua proposta política é drasticamente reduzida e, portanto, há uma possibilidade maior de que ela venha a dar errado.

Quanto ao outro tipo de acobertamento estratégico – esconder uma política falha –, poderia parecer à primeira vista que o tiro pela culatra seja aberto a discussão, uma vez que a política já deu errado. Mas essa conclusão seria equivocada. É provável que acobertar uma política malfeita, o que invariavelmente implica proteger os indivíduos responsáveis e não os demitir sumariamente, signifique que a política – ou algum variante dela – permanecerá ativa por certo tempo, o que não é um resultado desejável. Por exemplo, defender o marechal Joffre e sua estratégia contra o Exército alemão em Verdun significou que ele e sua fórmula falha permaneceram de pé por todos os dez meses daquela batalha sangrenta. Os soldados franceses teriam sido melhor servidos se um comandante mais capaz tivesse substituído Joffre mais cedo naquele enfrentamento.

Ademais, ocultar políticas desastradas pode levar a desastres ainda maiores à frente, não apenas porque incompetentes geralmente são mantidos em posições de liderança por pelo menos mais algum tempo, como também porque a prática de acobertamento torna difícil construir um sistema nacional de segurança em que políticos e comandantes militares sejam responsabilizados por suas ações. Nenhuma organização pode funcionar de maneira eficaz sem *accountability* em todos os níveis de operação. Finalmente, se uma política fracassada for mantida sob forte sigilo, é difícil promover uma discussão significativa sobre o que correu mal e a melhor forma de se certificar de que isso não volte a acontecer.

Em suma, acobertamentos estratégicos podem por vezes ser necessários, mas apresentam riscos significativos, pois têm um considerável potencial para sair pela culatra, bem como para corromper a vida cotidiana na esfera doméstica.

Os riscos da mitificação nacionalista

É improvável que mentir para ajudar a perpetuar mitos nacionais tenha consequências prejudiciais nas políticas doméstica e externa. Não há grande risco de as consequências ricochetearem, porque habitualmente a maioria das pessoas está tão tomada pelos mitos de seu país que não os reconhece pelo que são. Em vez disso, essas pessoas veem os mitos como verdades sagradas, não como mentiras ou distorções do registro histórico. George Orwell capta a essência desse autoengano coletivo quando escreve: "O nacionalismo é a fome de poder temperada pelo autoengano. Todo nacionalista é capaz da mais flagrante desonestidade, mas ele também está – uma vez que está consciente de servir a algo maior que si mesmo – inabalavelmente convencido de estar certo."[9] Mesmo as elites bem-educadas e algo sofisticadas por vezes tombam vítimas desse fenômeno. Com efeito, elas acabam acreditando em suas próprias mentiras, caso em que elas deixam de ser mentiras. Como observa o pesquisador Richard Neustadt, "a tendência da linguagem burocrática para criar no plano privado as mesmas imagens apresentadas no plano público nunca deve ser desprezada".[10]

E quanto à política externa? Um bom número de importantes estudiosos, incluindo o historiador Paul Kennedy, de Yale, e Stephen Van Evera, sustenta que os mitos nacionalistas às vezes levam os países a se comportar de maneira tola.[11] Na verdade, acredita-se que mitos desse tipo façam países agir agressivamente em relação a seus vizinhos e se recusar a resolver conflitos que de outra maneira seriam propensos a uma solução pacífica. Por exemplo, mitos nacionalistas são considerados uma das principais causas do comportamento agressivo da Alemanha no início do século XX – incluindo dar início à Primeira Guerra Mundial. Mitos chauvinistas sobre a história de Israel são considerados algumas das principais razões para os israelenses não permitirem que os palestinos tenham um Estado próprio viável, o que torna impossível pôr um fim a seu arrastado conflito.

Mas essa perspectiva está errada porque, na verdade, a flecha causal segue na direção oposta: o comportamento da política externa impulsiona a criação de mitos nacionalistas, e não o contrário. Especificamente, a retórica do nacionalismo é adaptada para se encaixar no comportamento dos Estados, que é impulsionado em grande parte por outros cálculos. Por exemplo, o comportamento agressivo da Alemanha nos anos que antecederam a Primeira Guerra Mundial foi impulsionado principalmente pelas preocupações com o equilíbrio de poder europeu, e os mitos nacionais que foram implantados naquela época estavam em grande parte destinados a justificar suas ações beligerantes.[12] Os esforços de Israel para controlar tudo aquilo que foi outrora chamado de Mandato Britânico da Palestina e negar aos palestinos um Estado próprio têm sido uma parte central da agenda sionista desde sua criação, no final dos anos 1880.[13] As ações do Estado de Israel após sua fundação, em 1948, têm sido largamente coerentes com aquela visão sionista original e não foi desviada de nenhuma forma significativa pelos vários mitos nacionalistas inventados pelos israelenses. O principal objetivo dessas falsas histórias foi dar uma demão de cal sobre as brutais políticas de Israel em relação aos palestinos, para que os israelenses e seus aliados no exterior acreditassem que Israel está sempre certo, e os palestinos, sempre errados.

Nada disso significa que o nacionalismo não possa ser uma potente causa de guerras. De fato, ele tem sido a ideologia mais poderosa do mundo nos últimos dois séculos e tem desempenhado um papel fundamental no desmantelamento de alguns Estados e impérios, e também levou alguns países a iniciar guerras com seus vizinhos. Por exemplo, Bismarck foi motivado tanto pelo nacionalismo quanto pelas preocupações de segurança quando iniciou e venceu as guerras em 1864, 1866 e 1870.[14] Sua meta não era simplesmente expandir as fronteiras da Prússia e torná-la mais segura, mas também criar um Estado alemão unificado. E não se pode esquecer que o sionismo é efetivamente o nacionalismo judeu e que não havia nenhuma maneira de os sionistas vindos da Europa criarem um Estado judeu em toda a Palestina sem se comportar agressivamente em relação ao povo que já estava vivendo na região. Assim, o nacionalismo é claramente uma das principais causas da guerra, mas os mitos que o acompanham não são. No máximo, eles têm um efeito secundário ou terciário na elaboração da política externa de um país.

Os custos potenciais das mentiras liberais

As mentiras liberais também não apresentam uma significativa desvantagem seja na esfera doméstica, seja na política externa. A mesma autoilusão partilhada presente na criação de mitos nacionalistas tende a funcionar aqui: a maioria das pessoas não reconhece que a mentira esteja ocorrendo, porque elas estão inclinadas a acreditar que seu país quase sempre age com nobreza. Assim, não há grande risco de ricochete. Mas, mesmo naqueles raros casos em que a mentira liberal não funciona como esperado e o povo reconhece que o país agiu de forma imoral ou ilegal, não há grande perigo de as consequências ricochetearem, porque a maioria das pessoas entende que o conjunto de regras utilizado na política internacional não é o mesmo usado no interior das fronteiras de seu país.

As mentiras liberais contadas pelos líderes também têm pouco efeito sobre a forma como o país atua na arena internacional. A mesma lógica subjacente à mitificação nacionalista se aplica neste caso: estadistas e diplomatas sempre farão o que acharem necessário para maximizar a segurança de seu país, seja qual for a linguagem utilizada para explicar as ações passadas e presentes. Em outras palavras, a flecha causal é direcionada do comportamento da política externa para a retórica liberal, e não o contrário.

9. Conclusão

Uma análise do registro histórico deixa claro que, embora muitas vezes a mentira seja condenada como um comportamento vergonhoso, os líderes de todos os tipos acreditam que ela é um instrumento útil de governo que pode e deve ser empregado em uma variedade de circunstâncias.

Líderes não contam mentiras apenas para outros Estados, eles também mentem para seu próprio povo, e o fazem porque acreditam que é em nome dos melhores interesses de seu país. E por vezes estão certos. Quem argumentaria que estadistas e diplomatas não devem mentir a um adversário perigoso, especialmente em tempos de guerra, se essas ações de enganação trouxerem benefícios estratégicos? Provavelmente o melhor exemplo de um papel importante desempenhado pela mentira em ajudar um país a mudar o equilíbrio de poder a seu favor foi quando os falseamentos de Bismarck ajudaram a fazer a França iniciar a guerra contra a Prússia em 1870. A Prússia obteve uma vitória decisiva, o que levou à criação de uma Alemanha forte no coração da Europa.

Além disso, ocasionalmente faz todo o sentido para os líderes mentir para seu próprio povo. Parece-me, por exemplo, que o presidente Kennedy estava certo ao mentir ao povo americano sobre o acordo alinhavado com os soviéticos sobre os mísseis Júpiter na Turquia, uma vez que essa mentira ajudou a resolver a Crise dos Mísseis Cubanos e evitar uma possível guerra entre as superpotências nucleares.

No entanto, mentir nem sempre funciona. É difícil ludibriar outros países, porque mentiras inter-Estados são normalmente dirigidas a adversários reais ou potenciais que compreensivelmente suspeitam de qualquer coisa que seus adversários possam dizer sobre assuntos relativos a sua segurança. Essa falta de confiança entre Estados rivais explica em boa parte por que não há muita mentira entre eles. Foi difícil para alguém como Churchill ou Roosevelt acobertar de Hitler as mentiras, ou vice-versa, e certamente não conseguiram por muito tempo, porque eles eram muito desconfiados uns dos outros. E, embora seja mais fácil para um líder mentir para seus cidadãos – porque as pessoas tendem a confiar em seu próprio governo –, mentir para o povo nem sempre funciona. Por exemplo, Roosevelt mentiu sobre o incidente do USS *Greer* em 1941, para fazer os Estados Unidos se envolverem mais seriamente na Segunda Guerra Mundial. Mas suas mentiras quase não tiveram efeito sobre a opinião pública americana, que permaneceu em um estado de espírito isolacionista até Pearl Harbor.

O insucesso em ludibriar o alvo pretendido não é a única coisa que pode dar errado quando os líderes contam mentiras internacionais. Há ainda o perigo de que suas mentiras sejam expostas e causem mais danos do que ajudem o país, como aconteceu quando o governo Eisenhower contou uma série de mentiras após a União Soviética ter derrubado um avião espião U-2. É claro que as mentiras podem sair pela culatra mesmo que não sejam expostas e mesmo que os líderes do país de destino acreditem nelas. Foi o que aconteceu quando Kruschev exagerou o tamanho do arsenal soviético de Mísseis

Balísticos Intercontinentais (MBIC) em 1950. Ele acabou alimentando uma corrida armamentista que não desejava e que não era favorável aos interesses de seu país. A versão falsa contada pelo governo Johnson sobre os eventos no golfo de Tonquim, em agosto de 1964, foi outro caso em que um conjunto de mentiras bem-contadas saiu pela culatra. Esse falseamento desempenhou um importante papel no ingresso dos Estados Unidos na Guerra do Vietnã. De modo semelhante, o governo Bush contou várias mentiras na corrida até a invasão do Iraque, em março de 2003, mentiras que não foram desmentidas na época e ajudaram a vender o projeto de derrubada de Saddam Hussein do poder. Em ambos os casos, a difusão de medo conduziu a desastres estratégicos para os Estados Unidos.

O tiro sair pela culatra é apenas um dos potenciais resultados negativos da mentira internacional; o outro é o ricochete, e é o mais preocupante dos dois. Líderes que mentem para seus cidadãos pelo que acreditam ser boas razões estratégicas podem, no entanto, produzir danos significativos a seu corpo político, fomentando uma cultura de desonestidade. É por isso que a difusão de medo e os acobertamentos estratégicos são os tipos mais perigosos de mentiras que os líderes podem contar. Ambos implicam o risco de ricochete, porque envolvem líderes mentindo para seus cidadãos, e ambos também estão propensos a produzir desastres de política externa. Os custos potenciais associados aos outros três tipos de mentira internacional – mitificação nacionalista, mentira liberal e mentira inter-Estados – não são nem de perto tão grandes quanto os da difusão do medo e do acobertamento estratégico.

Que lições podemos extrair para o futuro da política exterior americana a partir deste exame da mentira internacional?

Os Estados Unidos emergiram da Guerra Fria como o mais poderoso Estado no mundo. Essa situação não deverá mudar até quando podemos prever, pois existe apenas um país, a China, que poderia desafiar a posição de primazia americana. Mas a China tem um longo caminho a percorrer antes de alcançar essa posição e tem problemas que podem atrasar ou mesmo paralisar sua escalada para o topo.[1] Ao mesmo tempo, uma grande parcela do *establishment* da política externa americana, incluindo democratas e republicanos, considera que os Estados Unidos possuem uma responsabilidade, moral e estratégica, não apenas de policiar o mundo inteiro, mas também de tentar moldar a política de países específicos. Além disso, líderes americanos não têm se mostrado nada envergonhados em lançar mão da força militar para alcançar seus grandiosos objetivos. Os Estados Unidos lutaram cinco guerras desde que a Guerra Fria acabou, em 1989, e estiveram em combate por catorze dos 22 anos que se seguiram: 1991, contra o Iraque; 1995 e 1999, contra a Sérvia; 2001-2002, contra o Afeganistão; 2003-2011, contra Afeganistão e Iraque.

As guerras atuais no Afeganistão e no Iraque certamente diminuirão o entusiasmo da elite da política externa por remodelar o mundo a partir do tambor de um rifle, mas ainda não se sabe quanto. Como resultado, não deve demorar muito até os Estados Unidos marcharem em uma nova cruzada. Há pouca razão para pensar que seu compromisso básico de direcionar o mundo vá se encerrar em breve, o que significa que os americanos estarão profundamente envolvidos na política global ao logo de todo o futuro que se pode prever.

Essa ambiciosa política externa deve criar numerosas situações nos próximos anos em que os líderes americanos se sentirão compelidos a difundir o medo. Lembremos que os líderes com maior probabilidade de mentir para seus cidadãos são aqueles que dirigem democracias inclinadas a ingressar em guerras de escolha em lugares distantes. Essa descrição se encaixa, obviamente, nos Estados Unidos, e avança largamente na explicação das enganações do governo Bush nas vésperas da Guerra do Iraque em 2003. Mas esse certamente não foi o primeiro governo a lançar mão da difusão do medo e não será o último. Os Estados Unidos gastam mais em suas forças armadas do que o restante do mundo conjuntamente, detêm uma robusta capacidade nuclear de dissuasão e estão isolados da maioria dos perigos por dois enormes oceanos. Considerando quão seguros os Estados Unidos de fato estão, a única maneira de seus líderes justificarem ambiciosas cruzadas globais é convencendo o povo americano de que problemas relativamente menores são na verdade perigos terríveis e crescentes. Logo, considerando as ambições globais americanas, devemos esperar que a difusão do medo seja uma elemento recorrente de seu discurso de segurança nacional nos próximos anos. Essa é uma notícia ruim, porque a difusão do medo pode não apenas ter um efeito corrosivo sobre as instituições democráticas, mas também conduzir a desastres, como o Vietnã e o Iraque.

Notas

Prefácio (p.13-8)

1. Mary Dalrymple, "Kerry Avoids Calling Bush 'Liar'", MSNBC.com, 24 set 2004, disponível on-line em: http://www.msnbc.msn.com/id/6086823; David Stout, "Kerry Accuses Bush of Hiding the Truth about Iraq", *New York Times*, 16 set 2004; "Transcript: First Presidential Debate", *Washington Post*, 30 set 2004. No entanto, como aponta Dalrymple, outros envolvidos na campanha de Kerry não hesitaram em chamar Bush de mentiroso, e o próprio Kerry teve a oportunidade de fazer o mesmo, embora ele estivesse claramente relutante em usar essa palavra. Patrick Healy, "Kerry Camp Lowers N.H. Expectations: Behind in Polls, Senator Now Seeks Spot in 'Top Two'", *Boston Globe*, 8 dez 2003.

Introdução (p.19-32)

1. Charles A. Duelfer, *Comprehensive Report of the Special Advisor to the DCI on Iraq's WMD*, vol.1. Washington, DC, Agência Central de Inteligência (CIA), 30 set 2004, p.34-5. Ver também: Julian Borger, "Interrogators 'Botched Hunt for Iraq's WMD'", *Guardian*, 27 abr 2005; Rupert Cornwell, "Saddam Was Bluffing over WMD Stocks, Says Report", *Independent*, 2 out 2003; Johanna McGeary, Timothy J. Burger e Elaine Shannon, "What Saddam Was Really Thinking", *Time*, 18 out 2004, disponível on-line em: http://www.time.com/time/magazine/article/0,9171,995422,00.html; Walter Pincus e Dana Priest, "Hussein's Weapons May Have Been Bluff", *Washington Post*, 1º out 2003; Alec Russell, "Leaked Report Points to Saddam WMD Bluff", *Telegraph*, 2 out 2003.
2. George Tenet, *At the Center of the Storm: My Years at the CIA*, Nova York, Harper Collins, 2007, p.331-3.
3. Duelfer, *Comprehensive Report*, p.34.

4. Em um artigo que discute "o suposto blefe de Saddam sobre as armas", escreve Slobodan Lekic: "Saddam negou publicamente dispor de armas não convencionais. Mas, a partir de 1998 e até 2002, ele impediu os inspetores da ONU de operar no país, e quando eles finalmente retornaram, em novembro de 2002, muitas vezes se queixaram de que o Iraque não se mostrava plenamente cooperativo." Slobodan Lekic, "Aide: Saddam Did Get Rid of Iraq WMD", Associated Press, 2 ago 2003. Não há dúvida de que Saddam negou o acesso aos inspetores de armas entre 1998 e 2002, mas isso não é uma evidência de blefe. Embora os inspetores tenham algumas vezes se queixado de não dispor de acesso imediato a determinadas áreas em seu retorno ao Iraque, os problemas foram finalmente resolvidos e a ONU estava confiante de que poderia avaliar se o Iraque dispunha de armas de destruição em massa se tivesse tempo suficiente para vasculhar o país. O governo Bush, no entanto, forçou os inspetores a deixar o Iraque antes de eles concluírem o trabalho para que os Estados Unidos pudessem invadir o país e retirar Saddam do poder.
5. Nem todo mundo aceita o argumento de que é correto mentir para proteger uma pessoa inocente, como fica evidente no notório caso dos "batistas mentirosos". Em 1804, um debate eclodiu em uma congregação batista do Kentucky sobre se era lícito um homem mentir sobre se tinha esposa e filhos, caso estivesse à mercê de saqueadores índios que, provavelmente, os matariam. Em outras palavras, seria direito mentir para proteger sua família diante de um grave perigo? A congregação realmente ficou dividida sobre o assunto, com os "batistas da verdade" de um lado e "batistas mentirosos" do outro.
6. Lanse P. Minkler e Thomas J. Miceli, "Lying, Integrity, and Cooperation", *Review of Social Economy*, vol.62, n.1, mar 2004, p.27-50.
7. Para uma severa declaração contra mentiras de quase todo tipo, ver Sissela Bok, *Lying: Moral Choice in Public and Private Life,* Nova York, Vintage Books, 2ª ed., 1999.
8. Kenneth N. Waltz, *Theory of International Politics*, Reading, MA, Addison-Wesley, 1979, cap.5.
9. Thomas Hobbes, *Leviathan*, Harmondsworth, Reino Unido, Penguin, 1985, p.202.
10. Sobre o poder de penetração da enganação, ver: Larry Alexander e Emily Sherwin, "Deception in Morality and Law", *Law and Philosophy*,

vol.22, n.5, set 2003, p.393-450; F.G. Bailey, *The Prevalence of Deceit*, Ithaca, Nova York, Cornell University Press, 1991; J.A. Barnes, *A Pack of Lies: Towards a Sociology of Lying*, Cambridge, Reino Unido, Cambridge University Press, 1994; Paul Ekman, *Telling Lies: Clues to Deceit in the Marketplace, Politics, and Marriage*, Nova York, Norton, 1985; Michael Lewis e Carolyn Saarni (orgs.), *Lying and Deception in Everyday Life*, Nova York, Guilford, 1993; Clancy Martin (org.), *The Philosophy of Deception*, Nova York, Oxford University Press, 2009; David Nyberg, *The Varnished Truth: Truth Telling and Deceiving in Ordinary Life*, Chicago, University of Chicago Press, 1993; Loyal Rue, *By the Grace of Guile: The Role of Deception in Natural History and Human Affairs*, Nova York, Oxford University Press, 1994.

11. Esse indivíduo estaria, porém, mentindo se ele propositalmente deixasse de fora as informações que foram requeridas no formulário de solicitação de emprego. Ele é obrigado, em casos como esse, a revelar todas as informações relevantes. Por exemplo, na primavera de 1995, a Universidade Harvard rescindiu sua oferta de admissão a uma jovem que não informou ter sido considerada culpada de matar a própria mãe, em 1990. Os funcionários de Harvard sentiam que ela tinha a responsabilidade de informá-los sobre esse assunto em sua requisição. Fox Butterfield, "Woman Who Killed Mother Denied Harvard Admission", *NewYork Times*, 8 abr 1995.
12. Alexander e Sherwin escrevem: "Filósofos morais frequentemente distinguem entre mentir e enganar e condenam a mentira como a pior ofensa" ("Deception in Morality and Law", p.400).
13. Eric Alterman, *When Presidents Lie: A History of Official Deception and Its Consequences*, Nova York, Viking, 2004. Ver também: James P. Pfiffner, *The Character Factor: How We Judge America's Presidents*, College Station, Texas, A&M University Press, 2004, cap.2-3; David Wise, *The Politics of Lying: Government Deception, Secrecy, and Power*, Nova York, Random House, 1973.
14. Immanuel Kant, *Ethical Philosophy*, Indianápolis, Hackett, 1983, p.90.
15. Apesar de neste livro o blefe ser comparado com a mentira, estudiosos de relações internacionais também tratam como blefes a movimentação ou a mobilização de forças militares de maneira que sinalize falsamente que elas possam ser usadas. Mesmo que essas demonstrações de força não envolvam a mentira, o objetivo ainda assim é enganar outro país. Não levo esses casos em consideração, no entanto, sim-

plesmente porque eles não envolvem mentira. Mas, se o fizesse, seria capaz de apontar mais casos de blefe.

1. O que é mentir? (p.33-9)

1. Essa linha de raciocínio fica evidente na seção 1.001 do Título 18 do Código dos Estados Unidos da América, que criminaliza declarações falsas. Epecificamente, "uma declaração pode ser considerada falsa nos termos da seção 1.001, ainda que seja 'literalmente' verdade, se enganar agentes federais". Ver JaeYoun John Kim, "False Statements", *American Criminal Law Review*, vol.40, n.2, 2003, p.515.
2. Harry G. Frankfurt escreveu um livro altamente elogiado, *On Bullshit* (Princeton, Nova Jersey, Princeton University Press, 2005), que poderia parecer relevante para este livro, mas que não é por duas razões. Primeiramente, como o autor deixa claro, *falação de merda* [*bullshit*] é algo fundamentalmente diferente da mentira. Um falador de merda não se preocupa praticamente nada com o fato de estar ou não dizendo a verdade. "O valor de verdade de suas declarações não é de interesse central para ele ... Sua intenção não é nem relatar a verdade nem escondê-la." Enquanto conta sua história – normalmente uma história "panorâmica" –, ele pode dizer algumas coisas falsas, mas isso não é uma mentira, porque ele não está propositalmente dizendo algo que sabe ser falso. "Seus olhos não estão de nenhuma maneira voltados para os fatos." Mentirosos, em contraste, dedicam cuidadosa atenção aos fatos, embora eles não digam a verdade a respeito deles. O mentiroso "está tentando nos levar para longe de uma apreensão correta da realidade". Em segundo lugar, há pouca evidência de *falação de merda* na política internacional, provavelmente porque ela é em geral fácil de reconhecer e, portanto, é pouco provável que tenha um grande retorno. Como observa Frankfurt: "A maioria das pessoas confia muito em sua capacidade de reconhecer quando se está falando merda e de evitar se envolver. Assim, o fenômeno nunca despertou preocupações especiais nem induziu uma investigação sistemática." Ele também observa que falar merda é comum em grande parte porque as pessoas muitas vezes se sentem obrigadas "a falar mais longamente sobre assuntos dos quais são de alguma forma ignorantes". Governantes e diplomatas raramente se encontram nessa situação, o que não significa que por

vezes não tomem decisões tolas. Em suma, não faz sentido tratar a falação de merda como uma quarta categoria de enganação. [Ed. bras.: Harry G. Frankfurt, *Sobre falar merda*, Rio de Janeiro, Intrínseca, 2005.]

3. Citado em Corey Dade, Suzanne Vranica e Kevin Helliker, "Woods Aims to Stem Damage", *Wall Street Journal*, 3 dez 2009.
4. American Bar Association, *Model Rules of Professional Conduct*, ago 2002, regra 3.3(a). Ver também: Monroe H. Freedman, *Lawyers' Ethics in an Adversary System*, Indianápolis, Bobbs-Merrill, 1975; Robert J. Spitzer, *Saving the Constitution from Lawyers: How Legal Training and Law Reviews Distort Constitutional Meaning*, Nova York, Cambridge University Press, 2008, p.11-4. É interessante notar que muitos juristas acreditam que "o sistema adversário assume que a forma mais eficiente e justa de determinar a verdade é por meio da apresentação do caso da forma mais enérgica possível por cada um dos lados da controvérsia perante um juiz imparcial ou do júri" (Freedman, *Ethics in an Adversary System*, p.9). Em outras palavras, a torção promovida pelos advogados rivais é, em última análise, a melhor maneira de encontrar a verdade. Mas nem todos os estudiosos de direito compartilham dessa opinião. Ver: Stephan Landsman, *Readings on Adversarial Justice: The American Approach to Adjudication*, St. Paul, Minnesota, West, 1988, cap.2.
5. James Risen, "Captives Deny Qaeda Worked with Baghdad", *NewYork Times*, 9 jun 2003. Havia ainda mais evidências da comunidade de inteligência que lançavam dúvidas sobre a suposta ligação entre Bin Laden e Saddam. Ver: *Iraq on the Record: The Bush Administration's Public Statements on Iraq*, relatório preparado para o congressista Henry A. Waxman pelo Minority Staff, Committee on Oversight and Government Reform, Câmara dos Deputados dos Estados Unidos, 16 mar 2004, p.21-5.
6. De acordo com o Código dos Estados Unidos da América, a omissão é um comportamento criminoso quando se trata de "truque, armação ou artifício". Em outras palavras, deve haver um "ato afirmativo de ocultação". Ver: Kim, "False Statements", p.515. Na minha classificação, tal comportamento seria semelhante à mentira – de fato, ela provavelmente envolveria mentira; não caberia na minha definição de omissão, que não envolve um ato afirmativo.
7. Citado em: Albert Z. Carr, "Is Business Bluffing Ethical?", *Harvard Business Review*, jan-fev 1968, p.143. Para o argumento de que blefar em transações comerciais não é mentira, ver: Thomas Carson, "Second Thoughts about Bluffing", *Business Ethics Quarterly*, vol.3, n.4, out 1993,

p.317-41. Para o outro lado desse debate, ver: Gary E. Jones, "Lying and Intentions", *Journal of Business Ethics*, vol.5, n.4, ago 1986, p.347-9. Ver também: Thomas L. Carson, "On the Definition of Lying: A Reply to Jones and Revisions", *Journal of Business Ethics*, vol.7, n.7, jul 1998, p.509-14.

2. Inventário de mentiras internacionais (p.40-4)

1. Embora a ênfase deste livro esteja na criação e na promoção de mitos nacionalistas por parte de Estados particulares, não há dúvida de que grupos étnicos que não dispõem de seus próprios Estados – seja por nunca terem tido um, seja por terem-no perdido – também contam mentiras sobre seu passado. Assim, alguns de meus argumentos sobre a criação de mitos nacionalistas se aplicam a nações sem Estado tanto quanto aos próprios Estados-nação.
2. Esse tipo de comportamento egoísta ficou à mostra no escândalo Irã-Contras, quando os membros do primeiro escalão do governo Reagan foram investigados e alguns foram acusados de violar a lei. Ver: Eric Alterman, *When Presidents Lie: A History of Official Deception and Its Consequences*, Nova York, Viking, 2004, cap.5.
3. A minimização da ameaça é outro tipo possível de mentira estratégica. Nesse caso, um líder mente para seu povo fazendo uma ameaça parecer menos grave do que realmente é. Esse comportamento pode entrar em jogo quando um líder está determinado a evitar a guerra diante da intensa pressão pública em contrário. A minimização da ameaça não é levada em consideração neste livro, sobretudo porque ela raramente ocorre.

3. Mentira entre Estados (p.45-69)

1. Citado em: J.A. Barnes, *A Pack of Lies: Towards a Sociology of Lying*. Cambridge, Reino Unido, Cambridge University Press, 1994, p.23.
2. Sissela Bok, *Lying: Moral Choice in Public and Private Life*, 2ª ed. Nova York, Vintage Books, 1999, p.xxiii.
3. Citado em: Avishai Margalit, "The Violent Life of Yitzhak Shamir", *New York Review of Books*, 14 mai 1992, p.23. Outro primeiro-ministro

israelense, Moshe Sharett, comentou certa vez: "Aprendi que, na nossa geração, o Estado de Israel não pode ser governado sem enganação e aventureirismo. Esses são fatos históricos que não podem ser alterados ... No final, a história justificará tanto os estratagemas de enganação quanto os atos de aventureirismo. Tudo o que sei é que eu, Moshe Sharett, não sou capaz de praticá-los e sou, portanto, inadequado para liderar o país." Citado em Simha Flapan, *The Birth of Israel: Myths and Realities*, Nova York, Pantheon Books, 1987, p.51-2.

4. Obviamente, isso não significa que os líderes devam axiomaticamente assumir que diplomatas estrangeiros e estadista estejam mentindo para eles, porque esse tipo de paranoia os levaria a interpretar mal muitas situações em que está sendo dita a verdade. Stalin demonstrou esse tipo de pensamento na primavera de 1941 quando tolamente deu pouca atenção aos avisos de Churchill e outros sobre um iminente ataque alemão à União Soviética. Ver: Richard K. Betts, *Surprise Attack: Lessons for Defense Planning*, Washington, DC, Brookings Institution, 1982, p.34-42; Gabriel Gorodetsky, *Grand Delusion: Stalin and the German Invasion of Russia*, New Haven, Connecticut, Yale University Press, 1999, cap.8; Barton Whaley, *Codeword BARBAROSSA*, Cambridge, Massachusetts, MIT Press, 1974.
5. Charles Lipson, "International Cooperation in Economic and Security Affairs", *World Politics*, vol.37, n.1, out 1984, p.1-23.
6. Citado em: Anthony Marro, "When the Government Tells Lies", *Columbia Journalism Review*, vol.23, n.6, mar-abr 1985, p.34. Ver também: Arthur Sylvester, "The Government Has the Right to Lie", *Saturday Evening Post*, 18 nov 1967, p.10 e 14.
7. Jody Powell, *The Other Side of the Story*, Nova York, Morrow, 1984, p.223. Deve-se notar, no entanto, que Powell não acredita que os líderes de um governo tenham que mentir muitas vezes – ele fez isso apenas duas vezes em seus quatro anos na Casa Branca e lamentou profundamente que isso tenha sido necessário (ibid., p.223-40).
8. Sobre a Renânia, o historiador Alan Bullock escreve: "Anos mais tarde, relembrando à mesa de jantar, Hitler perguntou: 'O que teria acontecido se alguém além de mim tivesse sido o chefe do Reich! Qualquer um que se consiga mencionar teria perdido a calma. Fui obrigado a mentir, e o que me salvou foram minha obstinação inabalável e minha incrível desenvoltura. Ameacei enviar seis divisões extras para a Renânia, a menos que a situação amainasse. A verdade é que eu tinha apenas

quatro brigadas. No dia seguinte, os jornais ingleses escreveram que houve um abrandamento da situação." Alan Bullock, *Hitler, a Study in Tyranny*, edição revista, Nova York, Harper & Row, 1964, p.343. Ver também: Michael Mihalka, *German Strategic Deception in the 1930s*, Rand Note N-1557-NA, Santa Monica, Califórnia, Rand Corporation, jul 1980; Arnd Plagge, "Patterns of Deception: Why and How Rising States Cloak Their Power", texto de trabalho, Yale University, 18 mar 2009.

9. Gorodetsky, *Grand Delusion*, p.115-8, 126-30, 207-10; Jiri Hochman, *The Soviet Union and the Failure of Collective Security, 1934-1938*, Ithaca, Nova York, Cornell University Press, 1984, cap.6; Adam B. Ulam, *Expansion and Coexistence: Soviet Foreign Policy, 1917-73*, 2ª ed., Nova York, Praeger, 1974, p.241-3, 252-3; Adam B. Ulam, *Stalin: The Man and His Era*, Nova York, Viking, 1973, p.502-3.
10. Edgar M. Bottome, *The Missile Gap: A Study of the Formulation of Military and Political Policy*, Rutherford, Nova Jersey, Farleigh Dickinson University Press, 1971, cap.2 e 7; McGeorge Bundy, *Danger and Survival*, Nova York, Random House, 1988, p.416; Arnold L. Horelick e Myron Rush, *Strategic Power and Soviet Foreign Policy*, Chicago, University of Chicago Press, 1966, cap.3-5 e 9; Vladislav Zubok e Constantine Pleshakov, *Inside the Kremlin's Cold War: From Stalin to Khrushchev*, Cambridge, Massachusetts, Harvard University Press, 1996, cap.6.
11. Holger H. Herwig, "The Failure of German Sea Power, 1914-1945: Mahan, Tirpitz and Raeder Reconsidered", *International History Review*, vol.10, n.1, fev 1988, p.68-105; Paul M. Kennedy, "Tirpitz, England and the Second Navy Law of 1900: A Strategical Critique", *Militärgeschichtliche Mitteilungen*, n.2, 1970, p.33-57; Paul M. Kennedy, *The Rise of the Anglo-German Antagonism, 1860-1914*, Londres, Allen & Unwin, 1980, cap.13, especialmente p.223-7; Paul M. Kennedy, *Strategy and Diplomacy, 1870-1945: Eight Studies*, Londres, Fontana, 1984, cap.4-5; Jonathan Steinberg, *Yesterday's Deterrent: Tirpitz and the Birth of the German Battle Fleet*, Londres, Macdonald, 1965, intro e cap.4-5.
12. Citado em: "Report: Nixon Feared Israeli Nukes Would Spur Arms Race", *Haaretz*, 29 nov 2007. Ver também: Avner Cohen, *Israel and the Bomb*, Nova York, Columbia University Press, 1998; Seymour M. Hersh, *The Samson Option: Israel's Nuclear Arsenal and American Foreign Policy*, Nova York, Random House, 1991.
13. Bundy, *Danger and Survival*, p.392. Ver também: Graham Allison e Philip Zelikow, *Essence of Decision: Explaining the Cuban Missile Crisis*,

2ª ed., Nova York, Longman, 1999, p.78-80; Aleksandr Fursenko e Timothy Naftali, *One Hell of a Gamble: Khrushchev, Castro, and Kennedy, 1958-1964*, Nova York, Norton, 1997, p.222-3, 252-3; Zubok e Pleshakov, *Inside the Kremlin's Cold War*, p.266.

14. Trevor Wilson, *The Myriad Faces of War: Britain and the Great War, 1914-1918*, Cambridge, Reino Unido, Polity Press, 1988, p.341; Ernest D. Swinton, *Eyewitness: Being Personal Reminiscences of Certain Phases of the Great War, Including the Genesis of the Tank*, Garden City, Nova York, Doubleday / Doran, 1933, cap.12. Ver também: B.H. Liddell Hart, *The Real War: 1914-1918*, Boston, Little, Brown, 1930, p.249 e 255; B.H. Liddell Hart, *The Tanks: The History of the Royal Tank Regiment and Its Predecessors, Heavy Branch, Machine-Gun Corps, Tank Corps, and RoyalTank Corps, 1914-1945*, Londres, Cassell, 1959, p.I:3, I:47, I:53-6.

15. Ken Alibek e Stephen Handelman, *Biohazard: The Chilling True Story of the Largest Covert Biological Weapons Program in the World, Told from the Inside by the Man Who Ran It*, Nova York, Dell, 2000; Jeanne Guillemin, *Anthrax: The Investigation of a Deadly Outbreak*, Berkeley, University of California Press, 1999; Matthew Meselson et al., "The Sverdlovsk Anthrax Outbreak of 1979", *Science*, 18 nov 1994, p.1202-8; Judith Miller, Stephen Engelberg e William Broad. *Germs: Biological Weapons and America's Secret War*, Nova York, Simon and Schuster, 2001.

16. Citado em: Bullock, *Hitler*, p.329. Ver também ibid., cap.6; Ian Kershaw, *The "Hitler Myth": Image and Reality in the Third Reich*, Nova York, Oxford University Press, 1989, cap.5; Ian Kershaw, *Hitler: 1889-1936 – Hubris*, Nova York, Norton, 1999, cap.11-12; Ian Kershaw, *Hitler: 1936-45 – Nemesis*, Nova York, Norton, 2000, cap.1; Mihalka, "German Strategic Deception".

17. Citado em: Joachim C. Fest, *Hitler*, Nova York, Harcourt Brace Jovanovich, 1974, p.556.

18. Tsuyoshi Hasegawa, *Racing the Enemy: Stalin, Truman, and the Surrender of Japan*, Cambridge, Massachusetts, Belknap Press of Harvard University Press, 2005, p.108. Ver também: p.33, 39, 46-7, 56, 86, 91-3, 190-1.

19. Richard M. Nixon, *Six Crises*, Garden City, Nova York, Doubleday, 1962, p.353-7; James P. Pfiffher, *The Character Factor: How We Judge America's Presidents*, College Station, Texas A&M University Press, 2004, p.22 e 24.

20. Powell, *Other Side of the Story*, p.225-32.

21. Marc Trachtenberg, *A Constructed Peace: The Making of the European Settlement, 1945-1963*, Princeton, Nova Jersey, Princeton University Press, 1999, apêndice 2, também disponível on-line em: http://www.sscnet.ucla.edu/polisci/faculty/trachtenberg/appendices/appendixll.html.
22. Norman Rich, *Friedrich von Holstein, Politics and Diplomacy in the Era of Bismarck and Wilhelm II*, Cambridge, Reino Unido, Cambridge University Press, 1965, vol.2 p.745. Ver também: ibid., vol.2, p.678-745; David G. Herrmann, *The Arming of Europe and the Making of the First World War*, Princeton, Nova Jersey, Princeton University Press, 1996, cap.2; Gerhard Ritter, *The Schlieffen Plan: Critique of a Myth*, Westport, Connecticut, Greenwood, 1979, p.96-128; L.C.F. Turner, *Origins of the First World War*, Nova York, Norton, 1970, 2-5. Parece que a crise marroquina é o único caso conhecido de um país fazendo uma ameaça verbal vazia para fins coercitivos. Glenn H. Snyder e Paul Diesing, *Conflict among Nations: Bargaining, Decision Making, and System Structure in International Crises*, Princeton, Nova Jersey, Princeton University Press, 1977, p.213-6.
23. Bob Woodward, "Gadhafi Target of Secret U.S. Deception Plan", *Washington Post*, 2 out 1986. Ver também: Gerald M. Boyd, "The Administration Denies Planting Reports in the U.S.", *New York Times*, 3 out 1986; Leslie H. Gelb, "Administration is Accused of Deceiving Press on Libya", *New York Times*, 3 out 1986; Alex S. Jones, "Initial Report on Libyan Plots Stirred Skepticism", *New York Times*, 3 out 1986; Jeffery T. Richelson, "Planning to Deceive: How the Defense Department Practices the Fine Art of Making Friends and Influencing People", *Bulletin of the Atomic Scientists*, vol.59, n.2, mar-abr 2003, p.67-8.
24. Após discutir os problemas apresentados pela paridade nuclear estratégica, Henry Kissinger escreveu: "A resposta de nossos amigos da Otan para a situação que descrevi tem sido invariavelmente exigir garantias adicionais de um irredutível comprometimento militar americano. Pois me sentei à mesa do Conselho da Otan em Bruxelas e outros lugares e pronunciei palavras mágicas que tiveram um efeito profundamente reconfortante, e que permitiram que os ministros voltassem para casa com uma justificativa para não aumentar gastos de defesa. E meus sucessores apresentaram em suas falas as mesmas garantias e, ainda assim, se minha análise estiver correta, essas palavras não podem ser verdadeiras; e, se minha análise de fato estiver correta, devemos enfrentar o fato de que é absurdo basear a estratégia do Ocidente na

credibilidade da ameaça mútua de suicídio." "NATO: The Next Thirty Years", *Atlantic Community Quarterly*, vol.17, n.4, inverno 1979-1980, p.468. Ver também: Dana H. Allin, *Cold War Illusions: America, Europe, and Soviet Power, 1969-1989*, Nova York, St. Martin's, 1994, cap.4; Robert S. McNamara, "The Military Role of Nuclear Weapons: Perceptions and Misperceptions", *Foreign Affairs*, set-out 1983, p.79.

25. William Carr, *The Origins of the Wars of German Unification*, Londres, Longman, 1991, p.144-203; F. Darmstaedter, *Bismarck and the Creation of the Second Reich*, Nova York, Russell & Russell, 1965, p.351-63; Lothar Gall, *Bismarck: The White Revolutionary*, Boston, Allen & Unwin, 1986, vol.1, p.346-59; W.N. Medlicott, *Bismarck and Modern Germany*, Nova York, Harper & Row, 1968, p.78-84; Otto Pflanze, *Bismarck and the Development of Germany: The Period of Unification, 1815-1871*, Princeton, Nova Jersey, Princeton University Press, 1973, cap.18.

26. Barbara Demick, "'Intelligence Fiasco' Stirs Up the Korean Peninsula", *Los Angeles Times*, 24 mar 2005; Dafna Linzer, "U.S. Misled Allies about Nuclear Export", *Washington Post*, 20 mar 2005.

27. Dwight D. Eisenhower, *Waging Peace, 1956-1961: The White House Years*, Garden City, Nova York, Doubleday, 1965, p.546. Ver também: James Bamford, *Body of Secrets: Anatomy of the Ultra-Secret National Security Agency; From the Cold War through the Dawn of a New Century*, Nova York, Doubleday, 2001; Michael R. Beschloss, *MAYDAY: Eisenhower, Khrushchev and the U-2 Affair*, Nova York, Harper & Row, 1986; Ted Galen Carpenter, *The Captive Press: Foreign Policy Crises and the First Amendment*, Washington, DC, Cato Institute, 1995, p.55-6; David Wise e Thomas B. Ross, *The U-2 Affair*, Nova York, Random House, 1962.

28. Citado em: Benny Morris, Righteous Victims: A History of the Zionist-Arab Conflict, 1881-1999, Nova York, Knopf, 1999, p.281-2. Ver também: Joel Beinin, The Dispersion of Egyptian Jewry: Culture, Politics, and The Formation of a Modern Diaspora, Berkeley, University of California Press, 1998, p.19-20, 31-2, 90-117; Dan Raviv e Yossi Melman, Every Spy a Prince: The Complete History of Israel's Intelligence Community, Boston, Houghton Mifflin, 1990, p.54-61; Livia Rokach, *Israel's Sacred Terrorism: A Study Based on Moshe Sharett's Personal Diary and Other Documents*, 2ª ed., Belmont, Massachusetts, Association of Arab-American University Graduates, 1982, p.38-42; *Shabtai Teveth, Ben-Gurion's Spy: The Story of the Political Scandal That Shaped Modern Israel*, Nova York, Columbia University Press, 1996.

29. Citado em: Anthony Cave Brown, *Bodyguard of Lies*, Nova York, Harper & Row, 1975, p.10. Ver também: Thaddeus Holt, *The Deceivers: Allied Military Deception in the Second World War*, Nova York, Skyhorse, 2007; Phillip Knightley, *The First Casualty: From the Crimea to Vietnam; The War Correspondent as Hero, Propagandist, and Myth Maker*, Nova York, Harcourt Brace Jovanovich, 1975; Michael Howard, *Strategic Deception in the Second World War*, Nova York, Norton, 1995; Harold D. Lasswell, *Propaganda Technique in the World War*, Nova York, Knopf, 1927; J.C. Masterman, *The Double-Cross System in the War of 1939 to 1945*, New Haven, Connecticut, Yale University Press, 1972; Arthur Ponsonby, *Falsehood in War-Time, Containing an Assortment of Lies Circulated throughout the Nations during the Great War*, Nova York, Dutton, 1928; Evelin Sullivan, *The Concise Book of Lying*, Nova York, Farrar, Straus and Giroux, 2001, p.229-53.
30. Citado em: Warren F. Kimball, *The Juggler: Franklin Roosevelt as Wartime Statesman*, Princeton, Nova Jersey, Princeton University Press, 1991, p.7.
31. É importante notar que os militares atribuem grande valor à verdade dentro da organização, porque esse é um ingrediente essencial para o sucesso no combate. Todos na cadeia de comando precisam ter confiança em que estão recebendo informações verdadeiras de seus superiores e subordinados. Caso contrário, os comandantes e suas equipes poderiam fazer planos e ir à guerra com base em informações deficientes, o que aumentaria significativamente a probabilidade de falha, bem como de baixas desnecessárias. É por isso que instituições como West Point dão forte ênfase a seu código de honra. Embora a enganação não tenha lugar no interior de uma organização militar, é esperado que forças armadas rivais tentem enganar umas às outras, especialmente em tempos de guerra.
32. Thomas C. Schelling, *The Strategy of Conflict*, Londres, Oxford University Press, 1970, p.23 e 33. Ver também: Thomas C. Schelling, "Game Theory and the Study of Ethical Systems", *Journal of Conflict Resolution*, vol.12, n.1, mar 1968, p.34-44.
33. Embora o saber convencional suponha que blefar seja comum nas negociações trabalhistas, pelo menos um estudioso argumenta que isso acontece "menos frequentemente do que muitos escritores sugerem". Chris Provis, "Ethics, Deception and Labor Negotiation", *Journal of Business Ethics*, vol.28, n.2, nov 2000, p.145-58.

34. A mesma lógica explica por que os jogadores não mostram suas cartas fechadas na sequência de um blefe bem-sucedido no pôquer aberto; se eles o fizessem, a tática poderia não funcionar novamente.
35. Quase não há nenhuma evidência de mentira na detalhada análise de Andrew Moravcsik das várias negociações entre os países europeus para criar a União Europeia, *The Choice for Europe: Social Purpose and State Power from Messina to Maastricht*, Ithaca, Nova York, Cornell University Press, 1998. Apesar de Moravcsik diretamente não dizer por que a mentira está ausente da história que ele examina, parece claro que ele acredita que os Estados europeus importantes só foram para a mesa de negociações quando: (1) havia substancial sobreposição entre suas prioridades; (2) todos sabiam muito a respeito do "leque de potenciais acordos, das preferências nacionais e das opções institucionais"; e (3) todos pensavam que um acordo poderia conduzir a "ganhos conjuntos". Não apenas teria sido difícil mentir em um ambiente tão rico em informações, como não teria feito nenhum sentido, porque o comportamento enganoso provavelmente teria feito naufragar qualquer acordo, "um resultado que deixaria a todos em pior situação" (ibid., p.61, 481-5).
36. Anthee Carassava, "Greece Admits Faking Data to Join Europe", *New York Times*, 23 set 2004; Daniel Howden e Stephen Castle, "Greece Admits Deficit Figures Were Fudged to Secure Euro Entry", *Independent*, 16 nov 2004; Helena Smith e Larry Elliot, "EU Raps Greece over Deficit", *Guardian*, 2 dez 2004.
37. Trachtenberg, *Constructed Peace*, p.121-2. Ver também: James McAllister, *No Exit: America and the German Problem, 1943-1934*, Ithaca, Nova York, Cornell University Press, 2002, p.225.
38. McCallister, *No Exit*, p.234. Ver também minutas da reunião do National Security Council de 10 de dezembro de 1953 em: *Foreign Relations of the United States, 1932-1934*, Washington, DC, Government Printing Office, 1983, vol.2, p.450-51.
39. Ponsonby, *Falsehood in War-Time*, p.19.
40. Charles Horton Cooley, *Human Nature and the Social Order*, Nova York, Scribner's Sons, 1922, p.388.

4. Difusão do medo (p.70-91)

1. James Chace, *Acheson: The Secretary of State Who Created the American World*, Nova York, Simon and Schuster, 1998, cap.16.

2. Citado em: Michael Hirsh, "Bernard Lewis Revisited", *Washington Monthly*, nov 2004.
3. Entre as melhores fontes a respeito do incidente *Greer* estão: Robert Dallek, *Franklin D. Roosevelt and American Foreign Policy, 1932-1943*, Nova York, Oxford University Press, 1979, p.285-8; Waldo Heinrichs, *Threshold of War: Franklin D. Roosevelt and American Entry into World War II*, Nova York, Oxford University Press, 1989, p.166-8; David M. Kennedy, *Freedom from Fear: The American People in Depression and War, 1929-1945*, Nova York, Oxford University Press, 1999, p.497-9; William L. Langer e S. Everett Gleason, *The Undeclared War: 1940-1941*, Gloucester, Massachusetts, Smith, 1968, p.742-50; David Reynolds, *The Creation of the Anglo-American Alliance, 1937-45: A Study in Competitive Co-operation*, Chapel Hill, University of North Carolina Press, 1982, cap.8; John M. Schuessler, "The Deception Dividend: FDR's Undeclared War", *International Security*, vol.34, n.4, primavera 2010, p.133-65.
4. Como observa Robert Divine: "O comandante do submarino, longe de ser culpado de uma agressão não provocada, voltou-se em desespero contra seu perseguidor em um esforço para escapar da destruição." *The Reluctant Belligerent: American Entry into World War II*, Nova York, Wiley, 1967, p.143.
5. Todas as citações neste e no próximo parágrafos são de Dallek, *Roosevelt and American Foreign Policy*, p.285-8. Ver também: Langer e Gleason. *Undeclared War*, p.744-6.
6. Entre as melhores fontes a respeito do incidente no golfo de Tonquim estão: Eric Alterman, *When Presidents Lie: A History of Official Deception and Its Consequences*, Nova York, Viking, 2004, cap.4; Joseph C. Goulden, *Truth Is the First Casualty: The Gulf of Tonkin Affair – Illusion and Reality*, Chicago, Rand McNally, 1969; Robert J. Hanyok, "Skunks, Bogies, Silent Hounds, and the Flying Fish: The Gulf of Tonkin Mystery, 2-4 August 1964", *Cryptologic Quarterly*, vols.19 e 20, n.4 e 1, inverno 2000 e primavera 2001, p.1-55; David Kaiser, *American Tragedy: Kennedy, Johnson, and the Origins of the Vietnam War*, Cambridge, Massachusetts, Belknap Press of Harvard University Press, 2000, cap.11; Fredrik Logevall, *Choosing War: The Lost Chance for Peace and the Escalation of War in Vietnam*, Berkeley, University of California Press, 1999, cap.7; H.R. McMaster, *Dereliction of Duty: Lyndon Johnson, Robert McNamara, the Joint Chiefs of Staff, and the Lies That Led to Vietnam*, Nova York, HarperCollins, 1997, cap.6; Edwin E. Moïse, *Tonkin Gulf and the Escalation of the Vietnam War*, Chapel

Hill, University of North Carolina Press, 1996; Gareth Porter, *Perils of Dominance: Imbalance of Power and the Road to War in Vietnam*, Berkeley, University of California Press, 2005, cap.6.

7. Alterman, *When Presidents Lie*, p.204-5.
8. Alterman, *When Presidents Lie*, p.193. Essas são palavras de Alterman.
9. Goulden, *First Casualty*, p.50.
10. Hanyok, "Skunks", p.21-49; Moïse, *Tonkin Gulf*, p.206-10, 241-3. Ver também: Alterman, *When Presidents Lie*, p.186-90.
11. Logevall, *Choosing War*, p.198. Essas são palavras de Logevall. Ver também: Porter, *Perils of Dominance*, p.196-8.
12. Kaiser, *American Tragedy*, p.335-6.
13. Moïse, *Tonkin Gulf*, p.243. Essas são palavras de Moïse. Ficou claro agora que não houve ataque ao *Maddox* em 4 de agosto de 1964. Hanyok, "Skunks", p.3.
14. Moïse, *Tonkin Gulf*, p.243.
15. Essas foram as palavras usadas por McNamara e pelo secretário de Estado Dean Rusk quando testemunharam perante o Comitê de Assuntos Estrangeiros da Câmara dos Deputados dos Estados Unidos em 6 de agosto. Logevall, *Choosing War*, p.203. Ver também: ibid., p.198-9, e McMaster, *Dereliction of Duty*, p.133-5, para comentários similares do presidente Johnson e de funcionários de seu primeiro escalão.
16. Michael R. Beschloss, *Taking Charge: The Johnson White House Tapes, 1963-1964*, Nova York, Simon and Schuster, 1997, p.494-5; Hanyok, "Skunks", p.5-12; Logevall, *Choosing War*, p.201; McMaster, *Dereliction of Duty*, p.121-30; Moïse, *Tonkin Gulf*, p.99-105, 228-9, 239-41.
17. Ver: Logevall, *Choosing War*, p.199-203; Moïse, *Tonkin Gulf*, p.99-105.
18. Alterman, *When Presidents Lie*, p.205; Logevall, *Choosing War*, p.203. Pode-se argumentar que o governo Johnson contou uma terceira mentira relacionada ao incidente do golfo de Tonquim. O presidente e seus principais assessores alegaram durante todo o ano de 1964 e no começo de 1965 que não tinham a intenção, muito menos planos, de preparar uma guerra no Vietnã. Na verdade, Johnson apresentava-se como o candidato da paz em sua campanha à Presidência contra Barry Goldwater, em 1964. No entanto, ao longo de todo esse período Johnson estava na verdade preparando os planos de expansão da guerra, como fica evidenciado por seu comportamento no incidente do golfo de Tonquim. Para mais esclarecimentos sobre esse assunto, ver: Alterman, *When Presidents Lie*, cap.4; Kaiser, *American Tragedy*,

cap.11; Logevall, *Choosing War*, p.193-221, 242, 253, 314-5; Deborah Shapley, *Promise and Power: The Life and Times of Robert McNamara*, Boston, Little, Brown, 1993, p.304-5.

19. Eric Schmitt, "Rumsfeld Says U.S. Has 'Bulletproof' Evidence of Iraq's Links to Al Qaeda", *New York Times*, 28 set 2002.
20. Thom Shanker, "Rumsfeld Sees Lack of Proof for Qaeda-Hussein Link", *New York Times*, 5 out 2004.
21. As citações de Powell são de Richard Cohen, "Powellian Propaganda?", *Washington Post*, 13 fev 2003; *Iraq on the Record: The Bush Administration's Public Statements on Iraq*, relatório preparado para o congressista Henry A. Waxman pelo Minority Staff, Committee on Oversight and Government Reform, Câmara dos Deputados dos Estados Unidos, 16 mar 2004, p.23; transcrição da entrevista coletiva do secretário Powell em 8 jan 2004. Ver também: Derrick Z. Jackson, "Powell's Shrinking Credibility on Iraq", *Boston Globe*, 14 jan 2004; Christopher Marquis, "Powell Admits No Hard Proof in Linking Iraq to Al Qaeda", *New York Times*, 9 jan 2004.
22. Spencer Ackerman e John Judis, "Deception and Democracy: The Selling of the Iraq War", *New Republic*, 30 jun 2003, p.18; Douglas Jehl, "Report Warned Bush Team about Intelligence Doubts", *New York Times*, 6 nov 2005; Mark Mazzetti, "CIA Said to Find No Hussein Link to Terror Chief", *New York Times*, 9 set 2006; John Prados, "Phase II: Loaded for Bear", TomPaine.com, 10 nov 2005; Comitê Temporário de Inteligência do Senado dos Estados Unidos, *Postwar Findings about Iraq's WMD Programs and Links to Terrorism and How They Compare with Prewar Assessments*, 109ª legislatura, 2ª sessão, 8 set 2006, p.60-112; Jonathan Weisman, "Iraq's Alleged Al-Qaeda Ties Were Disputed Before War", *Washington Post*, 9 set 2006.
23. Walter Pincus e Dana Milbank, "Al Qaeda-Hussein Link Is Dismissed", *Washington Post*, 17 jun 2004.
24. Bob Woodward, *Plan of Attack*, Nova York, Simon and Schuster, 2004, p.173.
25. Por exemplo, George Tenet, o chefe da CIA no período que antecedeu a guerra, disse em um discurso em 5 de fevereiro de 2004: "Acredit[áv]-amos que o Iraque dispunha de agentes biológicos letais, incluindo antraz, com os quais poderia rapidamente produzir e se armar para ataque com bombas, mísseis, pulverizadores aéreos e agentes secretos. Mas dissemos que não dispúnhamos de informações específicas sobre

os tipos ou quantidades de armas, agente ou estoques à disposição de Bagdá." Para uma transcrição do discurso, ver: "Tenet Defends Assessments of Iraqi Weapons", *New York Times*, 5 fev 2004. A Agência de Inteligência de Defesa informou, em setembro de 2002, que não havia evidências "fortes" ou "diretas" de arsenais químicos e biológicos ou fábricas. Ver comentários de Joseph Cirincione em *Conference Call Briefing on Iraq's Weaponsi*, Washington, DC, Arms Control Association, 3 fev 2004. Ver também: *Iraq on the Record*, p.15-6; Walter Pincus e Dana Priest, "Bush, Aides Ignored CIA Caveats on Iraq", *Washington Post*, 7 fev 2004; Comitê Temporário de Inteligência do Senado dos Estados Unidos, *Postwar Findings about Iraq's WMD Programs*, p.26-43.

26. *Iraq on the Record*, p.7.
27. Jackson, "Powell's Shrinking Credibility".
28. Ver: Joseph Cirincione, Jessica Tuchman Mathews e George Perkovich, *WMD in Iraq: Evidence and Implications*, Relatório da Carnegie Endowment for International Peace, jan 2004, p.86. Disponível on-line em: http://carnegieendowment.org/files/Iraq3FullText.pdf.
29. Ibid., p.18 e 95.
30. Ibid., *WMD in Iraq*, p.20; *Iraq on the Record*, p.16.
31. Cirincione, Mathews e Perkovich. *WMD in Iraq*, p.21.
32. Ver: Pincus e Priest, "Bush, Aides Ignored CIA Caveats"; *Iraq on the Record*, p.10-3; Comitê Temporário de Inteligência do Senado dos Estados Unidos, *Postwar Findings about Iraq's WMD Programs*, p.17-21; Murray Waas, "What Bush Was Told about Iraq", *National Journal*, 2 mar 2006.
33. Ver: Ackerman e Judis, "Deception and Democracy", p.15; Cirincione, Mathews e Perkovich, *WMD in Iraq*, p.21-8; Comitê Temporário de Inteligência do Senado dos Estados Unidos, *Postwar Findings about Iraq's WMD Programs*, p.10-26; "Tenet Defends Assessments of Iraqi Weapons"; comentários de Greg Thielman em: "Conference Call Briefing on Iraq's Weapons"; *Iraq on the Record*, p.7-15.
34. Ver: Ronald Brownstein, "Support of US Military Role in Mideast Grows", *Los Angeles Times*, 5 abr 2003; The Gallup Organization, *Approval for Handling of War in Iraq Jumps*, análise de pesquisa, 19 dez 2003; Adam Nagourney e Janet Elder, "Growing Number in US Back War, Survey Finds", *New York Times*, 11 mar 2003; Tom Zeller, "The Iraq-Qaeda Link: A Short History", *New York Times*, 20 jun 2004; Tom Zeller, "Making a Simple Link of Faith", *New York Times*, 2 mar 2003.

Segundo pelo menos uma respeitável organização de pesquisa, em setembro de 2003, dois anos após as Torres Gêmeas caírem e quase seis meses após o início da Guerra do Iraque, "sete em cada dez americanos continuam a acreditar que Saddam Hussein, do Iraque, teve alguma participação nos ataques". Ver: Dana Milbank e Claudia Deane, "Hussein Link to 9/11 Lingers in Many Minds", *Washington Post*, 6 set 2003.

35. Ver: "Cheney: No Link between Saddam Hussein, 9/11", CNN.com, 1º jun 2009, disponível on-line em: http://www.cnn.com/2009/POLITICS/06/01/cheney.speech/; Rebecca Christie, "US Rumsfeld Concedes No WMDs or September 11 Ties in Iraq", *Dow Jones Newswires*, 17 set 2004; Cirincione, Mathews e Perkovich, *WMD in Iraq*, p.44; Milbank e Deane, "Hussein Link to 9/11 Lingers"; Greg Miller, "No Proof Connects Iraq to 9/11, Bush Says", *Los Angeles Times*, 18 set 2003; Paul Reynolds, "Rumsfeld Weakens a Pillar of War", *BBC News Online*, 5 out 2004, disponível on-line em: http://news.bbc.co.uk/2/hi/americas/3717024.stm; David E. Sanger, "Bush Reports No Evidence of Hussein Tie to 9/11", *New York Times*, 18 set 2003; Susan Walsh, "Rumsfeld Sees No Link between Saddam Hussein, 9/11", *USA Today*, 16 set 2003. Um artigo no *National Journal* informa que "dez dias após os ataques terroristas ao World Trade Center e ao Pentágono em 11 de setembro de 2001, o presidente Bush ouviu em uma reunião altamente secreta que a comunidade de inteligência dos Estados Unidos não dispunha de evidências ligando o regime iraquiano de Saddam Hussein aos ataques e que havia pouca evidência confiável de que o Iraque tivesse quaisquer laços importantes de colaboração com a Al-Qaeda, de acordo com registros do governo e com funcionários atuais e antigos dotados de conhecimento direto da questão". Murray Waas, "Key Bush Intelligence Briefing Kept from Hill Panel", *National Journal*, 22 nov 2005.

36. Transcrito do testemunho do secretário da Defesa dos Estados Unidos Donald H. Rumsfeld diante do Comitê do Senado sobre as Forças Armadas Referente ao Iraque, em 19 de setembro de 2002.

37. Carta do presidente da República ao presidente de mesa da Câmara e ao presidente *pro tempore* do Senado, em 18 de março de 2003.

38. "Bush Makes Historic Speech aboard Warship", CNN.com, 1º mai 2003, disponível on-line em: http://www.cnn.com/2003/US/05/01/bush.transcript/. Ver também: Jim Rutenberg e Sheryl Gay Stolberg, "Bush Says GOP Rebels are Putting Nation at Risk", *New York Times*,

16 set 2006; David E. Sanger e Robin Toner, "Bush and Cheney Talk Strongly of Qaeda Links with Hussein", *New York Times*, 18 jun 2004.

39. *New York Times*, "What the Bush Administration Said", 20 jun 2004; Christopher Scheer, Robert Scheer e Lakshmi Chaudhry, *The Five Biggest Lies Bush Told Us About Iraq*, Nova York, Seven Stories, 2003, p.42.

40. Outra mentira que serviu à mesma finalidade foi a alegação do presidente Bush – feita em três ocasiões distintas – de que Saddam Hussein se recusou a permitir que inspetores da ONU entrassem no Iraque no final de 2002 e, portanto, que ele, Bush, não tinha escolha senão remover o líder iraquiano do poder. Joe Conason, "Saddam Chose to Deny Inspectors", *Salon*, 31 mar 2006, disponível on-line em: http://www.salon.com/news/opinion/joe_conason/2006/03/31/bush_lies. É claro, Saddam permitiu que os inspetores ingressassem no Iraque e lhes ofereceu caminho livre para procurar armas de destruição em massa. No entanto, Bush os retirou de lá antes que eles terminassem o trabalho e depois invadiu o Iraque. Para uma excelente visão geral da campanha de enganação do governo Bush na corrida rumo à Guerra do Iraque, ver: David Corn, "Can the 'Bush Lied' Deniers Handle the Truth?", *Politics Daily*, 17 mar 2010, disponível on-line em: http://www.politicsdaily.com/2010/03/17/can-the-bush-lied-deniers-handle-the-truth/; David Corn, "Charges and Countercharges: Did Bush Knowingly Mislead the US into War with Iraq?", *Politics Daily*, 30 mar 2010, disponível on-line em: http://www.politicsdaily.com/2010/03/30/a-long-war-did-bush-knowingly-mislead-the-u-s-into-iraq/.

41. Woodward, *Plan of Attack*, p.296; Brian Knowlton, "Diplomacy Won't Be Given 'Months'", *New York Times*, 31 jan 2003. Ver também os comentários de Bush em: Scheer, Scheer e Chaudhry, *Five Biggest Lies*, p.80.

42. Scheer, Scheer e Chaudhry, *Five Biggest Lies*, p.80.

43. Nicholas Lemann, "How It Came to War: When Did Bush Decide That He Had to Fight Saddam?", *New Yorker*, 31 mar 2003. Ver também: Richard N. Haass, *War of Necessity, War of Choice: A Memoir of Two Iraq Wars*, Nova York, Simon and Schuster, 2009, p.4-6.

44. *Times* (Londres), "The Secret Downing Street Memo", 1º maio 2005. Ver também: Michael Smith, "The Real News in the Downing Street Memos", *Los Angeles Times*, 23 jun 2005.

45. Woodward, *Plan of Attack*, p.269-74. Para outras evidências de que Bush decidiu ir à guerra antes do final de janeiro de 2003, ver: ibid.,

p.95, 113, 115, 119-20, 169, 178. Além disso, havia evidência na mídia durante o ano de 2002 de que o governo Bush havia decidido derrubar Saddam pela força. Por exemplo, ver: John Walcott e Mark Danner, "The Secret Way to War: An Exchange", *New York Review of Books*, 14 jul 2005, p.48-9.

46. Note que nesse caso o governo Bush estava empenhado tanto na difusão do medo quanto em mentira inter-Estados, o que nos lembra que uma mentira em particular pode ser dirigida a diversos públicos e servir a múltiplos propósitos.

47. Para uma excelente discussão sobre por que e como líderes exageram ameaças, ver: A. Trevor Thrall e Jane K. Cramer (orgs.), *American Foreign Policy and the Politics of Fear: Threat Inflation since 9/11*, Nova York, Routledge, 2009.

48. Steven Casey, "Selling NSC-68: The Truman Administration, Public Opinion, and the Politics of Mobilization, 1950-51", *Diplomatic History*, vol.29, n.4, set 2005, p.655-90. De fato, a retórica da administração Truman era tão alarmista que havia "um medo muito real de que o humor da população pudesse facilmente superaquecer, reduzindo assim a liberdade dos agentes governamentais para operar e talvez até mesmo os empurrando para políticas excessivamente radicais e perigosas" (ibid., p.661). Ver também: Nancy E. Bernhard, *US Television News and Cold War Propaganda, 1947-1960*, Nova York, Cambridge University Press, 1999; Campbell Craig e Fredrik Logevall, *America's Cold War: The Politics of Insecurity*, Cambridge, Massachusetts, Belknap Press of Harvard University Press, 2009.

49. Leslie Gelb e Jeanne-Paloma Zelmati, "Mission Unaccomplished", *Democracy*, n.13, verão 2009, p.24.

50. Os discursos clássicos contra os Artigos da Confederação são de Alexander Hamilton, James Madison e John Jay (*The Federalist Papers*, Harmondsworth, Reino Unido, Penguin Books, 1987, p.145-84), originalmente publicados entre outubro de 1787 e agosto de 1788. Para críticas à política americana sob a Constituição, ver: Theodore J. Lowi, "Making Democracy Safe for the World: National Politics and Foreign Policy", in James N. Rosenau (org.), *Domestic Sources of Foreign Policy*, Nova York, Free Press, 1967, p.295-331; Theodore J. Lowi, *The End of Liberalism: The Second Republic of the United States*, 2ª ed., Nova York, Norton, 1979; E.E. Schattschneider, *The Semisovereign People: A Realist's View of Democracy in America*, Fort Worth, Texas, Harcourt Brace

Jovanovich, 1975. Ver também: Michel Crazier, Samuel P. Huntington e Joji Watanuki, *The Crisis of Democracy: Report on the Governability of Democracies to the Trilateral Commission*, Triangle Papers 8, Nova York, New York University Press, 1975; e o ensaio de David Donald "Died of Democracy", in David Donald (org.), *Why the North Won the Civil War*, Nova York, Collier Books, 1962, p.79-90, no qual ele sugere que o Sul perdeu a Guerra Civil porque era democrático demais.

51. Alterman, *When Presidents Lie*, p.210.

52. Richard Cohen, "A War without Winners", *Washington Post*, 3 nov 2005.

53. James Burnham, *Suicide of the West: An Essay on the Meaning and Destiny of Liberalism*, New Rochelle, Nova York, Arlington House, 1964; Donald Kagan e Fredrick W. Kagan, *While America Sleeps: Self-Delusion, Military Weakness, and the Threat to Peace Today*, Nova York, St. Martin's, 2000; Donald Kagan, *On the Origins of War and the Preservation of Peace*, Nova York, Doubleday, 1995, p.572-3; Robert G. Kaufman, "To Balance or to Bandwagon? Alignment Decisions in 1930s Europe", *Security Studies*, vol.1, n.3, primavera 1992, p.417-47; Norman Podhoretz, *The Present Danger: Do We Have the Will to Reverse the Decline of American Power?*, Nova York, Simon and Schuster, 1980; Jean-François Revel, *How Democracies Perish*, Garden City, Nova York, Doubleday, 1984.

54. Citado em: Ronald Bailey, "Origins of the Specious: Why Do Neoconservatives Doubt Darwin?", *Reason*, jul 1997.

55. Walter Lippmann, "Why Should the Majority Rule?", in Clinton Rossiter e James Lare (org.), *The Essential Lippmann: A Political Philosophy for Liberal Democracy*, Nova York, Random House, 1963, p.6-14; Walter Lippmann, *The Phantom Public*, Nova York, Macmillan, 1927; Walter Lippmann, *Public Opinion*, Nova York, Free Press, 1965.

56. Ian Kershaw, *The "Hitler Myth": Image and Reality in the Third Reich*, Nova York, Oxford University Press, 1989, p.3.

57. Grandes potências que atuam como *offshore balancers* são invariavelmente "Estados insulares", em oposição a "Estados continentais". Ver: John J. Mearsheimer, *The Tragedy of Great Power Politics*, Nova York, Norton, 2001, p.126-8. Sobre o potencial defensivo das águas, ver: ibid., p.114-28.

58. Michael Walzer, *Just and Unjust Wars: A Moral Argument with Historical Illustrations*, 3ª ed., Nova York, Basic Books, 2000, p.74-85. Como observa John Schuessler, os incentivos para os líderes enganarem seu

povo serão ainda maiores se eles imaginarem que a guerra preventiva será longa e sangrenta ("The Deception Dividend", p.135-142). Obviamente, o governo Bush esperava uma vitória fácil e rápida no Iraque.

59. A Doutrina Bush, que foi estabelecida em 2002 e provia a invasão do Iraque de racionalização, defendia o combate de guerras preemptivas contra as ameaças conjuntas, quando, na verdade, o governo Bush estava contemplando guerras preventivas contra o Iraque e outros países do Oriente Médio. Ver: *The National Security Strategy of the United States of America*, Washington, DC, Casa Branca, setembro de 2002; observações do presidente para a turma de formandos de West Point (Casa Branca, Escritório do Secretário de Imprensa, 1º jun 2002).

5. Acobertamentos estratégicos (p.92-101)

1. Ian Ousby, *The Road to Verdun: World War I's Most Momentous Battle and the Folly of Nationalism*, Nova York, Anchor Books, 2003, p.299. Ver também: *New York Times*, "French Army Chief May Go", 7 dez 1916; Robert A. Doughty, *Pyrrhic Victory: French Strategy and Operations in the Great War*, Cambridge, Massachusetts, Belknap Press of Harvard University Press, 2005, cap.5-6; Walter Duranty, "Joffre-Gallieni Dispute Bared", *New York Times*, 21 ago 1919; Walter Duranty, "Joffre Ousted by Intrigues", *New York Times*, 23 ago 1919; David Dutton, "The Fall of General Joffre: An Episode in the Politico-Military Struggle in Wartime France", *Journal of Strategic Studies*, vol.19, n.3, dez 1978, p.338-51; Jere Clemens King, *Generals & Politicians: Conflict Between France's High Command, Parliament, and Government, 1914-1918*, Berkeley, University of California Press, 1951, cap.5-6; Harold D. Lasswell, *Propaganda Technique in the World War*, Nova York, Knopf, 1927, p.39-40; Walter Lippmann, *Public Opinion*, Nova York, Free Press, 1965, cap.1-2; David Mason, *Verdun*, Moreton-in-Marsh, Reino Unido, Windrush, 2000, p.9-12, 23-7, 133-7, 182, 190-1; Gordon Wright, *Raymond Poincaré and the French Presidency*, Stanford, Califórnia, Stanford University Press, 1942, p.193-8.
2. Michael Bar-Zohar, *Ben-Gurion: A Biography*, Nova York, Delacorte, 1978, p.203-6; Benny Morris, *Israel's Border Wars, 1949-1956: Arab Infiltration, Israeli Retaliation, and the Countdown to the Suez War*, Oxford, Clarendon

Press, 1997, cap.8; Benny Morris, *Righteous Victims: A History of the Zionist-Arab Conflict, 1881-1999*, Nova York, Knopf, 1999, p.278-9; Avi Shlaim, *The Iron Wall: Israel and the Arab World*, Nova York, Norton, 2000, p.90-3.

3. Citado em: Morris, *Israel's Border Wars*, p.259.
4. Shlaim, *Iron Wall*, p.91.
5. Bar-Zohar, *Ben-Gurion*, p.205.
6. Morris, *Righteous Victims*, p.278-9.
7. Graham Allison e Philip Zelikow, *Essence of Decision: Explaining the Cuban Missile Crisis*, 2ª ed., Nova York, Longman, 1999, p.356-66; McGeorge Bundy, *Danger and Survival*, Nova York, Random House, 1988, p.427-39, 445; Michael Dobbs, *One Minute to Midnight: Kennedy, Khrushchev, and Castro on the Brink of Nuclear War*, Nova York, Knopf, 2008, p.199-201, 231-6, 257, 270-1, 288-93, 305-38; Aleksandr Fursenko e Timothy Naftali, *One Hell of a Gamble: Khrushchev, Castro, and Kennedy, 1958-1964*, Nova York, Norton, 1997, p.249-50, 266-7, 275-89, 293-4, 300, 321-4, 352.
8. E.H. Carr, *German-Soviet Relations between the Two World Wars, 1919-1939*, Baltimore, Johns Hopkins Press, 1951, cap.3-4; Hans W. Gatzke, *Stresemann and the Rearmament of Germany*, Nova York, Norton, 1969, cap.4-5; George W.F. Hallgarten, "General Hans von Seeckt and Russia, 1920-1922", *Journal of Modern History*, vol.21, n.1, mar 1949, p.28-34; Gustav Hilger e Alfred G. Meyer, *The Incompatible Allies: A Memoir-History of German-Soviet Relations, 1918-1941*, Nova York, Macmillan, 1953; Vasilis Vourkoutiotis, *Making Common Cause: German-Soviet Relations, 1919-22*, Nova York, Palgrave Macmillan, 2007.
9. Caroline Elkins, *Imperial Reckoning: The Untold Story of Britain's Gulag in Kenya*, Nova York, Holt, 2005, cap.9-10.
10. Martin Fackler, "Japanese Split on Exposing Secret Pacts with US", *New York Times*, 9 fev 2010; John M. Glionna, "Japan's Secret Pact with US Spurs Debate", *Los Angeles Times*, 17 jan 2010; Robert A. Wampler (org.), "Nuclear Noh Drama: Tokyo, Washington and the Case of the Missing Nuclear Agreements", *The National Security Archive*, 13 out 2009, disponível on-line em: http://www.gwu.edu/~nsarchiv/nukevault/ebb291/index.htm.
11. Pode-se argumentar que é mais provável que haja mascaramento da incompetência em uma democracia, porque os líderes são responsabilizáveis por seu povo, que os punirá se descobrir sobre a inépcia. Embora

eu acredite que isso seja verdade, uma mentira desse tipo é operada para fins egoístas, não para o bem do país. Em outras palavras, seria um acobertamento deplorável, não um acobertamento estratégico, e, como enfatizado anteriormente, tal tipo de mentira está fora do escopo deste livro. Também se poderia argumentar o contrário: é provável que seja menos necessário esconder erros nas democracias, porque elas fazem um melhor trabalho de escolhas estratégicas do que as não democracias. Ver: David A. Lake, "Powerful Pacifists: Democratic States and War", *American Political Science Review*, vol.86, n.1, mar 1992, p.24-37; Dan Reiter e Allan C. Stam, *Democracies at War*, Princeton, Nova Jersey, Princeton University Press, 2002. No entanto, uma revisão cuidadosa da lógica e das evidências por trás dessa alegação demonstra que não há diferença significativa entre as capacidades das democracias e das não democracias para tomar decisões inteligentes no campo da política externa. Ver: Michael C. Desch, *Power and Military Effectiveness: The Fallacy of Democratic Triumphalism*, Baltimore, Johns Hopkins University Press, 2008; Alexander B. Downes, "How Smart and Tough Are Democracies? Reassessing Theories of Democratic Victory in War", *International Security*, vol.33, n.4, primavera 2009), p.9-51; Sebastian Rosato, "The Flawed Logic of Democratic Peace Theory", *American Political Science Review*, vol.97, n.4, nov 2003, p.585-602.

6. Mitos nacionalistas (p.102-8)

1. Isso não quer dizer que a metanarrativa de um país sobre seu passado seja simplesmente composta de mitos; ela pode também conter algumas histórias verdadeiras.
2. Stephen Van Evera, "Hypotheses on Nationalism and War", *International Security*, vol.18, n.4, primavera 1994, p.27.
3. Ernest Renan, "What Is a Nation?", in Geoff Eley e Ronald Grigor Suny (orgs.), *Becoming National: A Reader*, Nova York, Oxford University Press, 1996, p.45.
4. Dominique Moisi, "France Is Haunted by an Inability to Confront its Past", *Financial Times*, 12 dez 2005.
5. Van Evera observa que "os mitos nacionalistas podem ajudar elites politicamente frágeis a reforçar seu controle sobre o poder" e podem "reforçar a autoridade e o poder político das elites que os detêm"

("Hypoteses on Nationalism and War", p.30). Embora isso certamente seja verdade, mentiras egoístas desse tipo recaem fora do escopo deste livro.

6. O melhor livro a esse respeito é: Ronald Smelser e Edward J. Davies II, *The Myth of the Eastern Front: The Nazi-Soviet War in American Popular Culture*, Nova York, Cambridge University Press, 2008. Ver também: Omer Bartov, *Germany's War and the Holocaust: Disputed Histories*, Ithaca, Nova York, Cornell University Press, 2003; Paula Bradish, *Crimes of the German Wehrmacht: Dimensions of a War of Annihilation, 1941-1944*, brochura de divulgação, Hamburgo, Alemanha, Hamburg Institute for Social Research, 2004; Norbert Frei, *Adenauer's Germany and the Nazi Past: The Politics of Amnesty and Intergration*, Nova York, Columbia University Press, 2002; Hannes Heer e Klaus Naumann (orgs.), *War of Extermination: The German Military in World War II, 1941-1944*, Nova York, Berghahn Books, 2000; John J. Mearsheimer, *Liddell Hart and the Weight of History*, Ithaca, Nova York, Cornell University Press, 1988, p.178-201; Alaric Searle, *Wehrmacht Generals, West German Society, and the Debate on Rearmament, 1949-1959*, Westport, Connecticut, Praeger, 2003; Wolfram Wette, *The Wehrmacht: History, Myth, Reality*, Cambridge, Massachusetts, Harvard University Press, 2006, cap.5.
7. Christopher Simpson, *Blowback: America's Recruitment of Nazis and Its Effects on the Cold War*, Nova York, Collier Books, 1989, p.158.
8. A respeito do mito sobre o porquê de os palestinos deixarem suas casas, ver: Erskine Childers, "The Other Exodus", *Spectator*, 12 mai 1961; Simha Flapan, *The Birth of Israel: Myths and Realities*, Nova York, Pantheon Books, 1987, p.81-118; Walid Khalidi, "Why Did the Palestinians Leave, Revisited", *Journal of Palestine Studies*, vol.34, n.2, inverno 2005, p.42-54; Walid Khalidi, "The Fall of Haifa", *Middle East Forum*, vol.35, n.10, dez 1959, p.22-32; Benny Morris, *The Birth of the Palestinian Refugee Problem Revisited*, 2ª ed., Nova York, Cambridge University Press, 2004; Ilan Pappe, *The Ethnic Cleansing of Palestine*, Oxford, Oneworld, 2006, p.131. Para a análise de outros mitos, ver: Flapan, *Birth of Israel*; Norman G. Finkelstein, *Image and Reality of the Israel-Palestine Conflict*, Londres, Verso, 1995; John J. Mearsheimer and Stephen M. Walt, *The Israel Lobby and US Foreign Policy*, Nova York, Farrar, Straus and Giroux, 2007, cap.3; Benny Morris, *Righteous Victims: A History of the Zionist-Arab Conflict, 1881-1999*, Nova York, Knopf, 1999; Tom Segev, *One Palestine, Complete: Jews and Arabs under the British*

Mandate, Nova York, Holt, 2001; Avi Shlaim, *The Iron Wall: Israel and the Arab World*, Nova York, Norton, 2000; Zeev Sternhell, *The Founding Myths of Israel: Nationalism, Socialism, and the Making of the Jewish State*, Princeton, Nova Jersey, Princeton University Press, 1998.
9. Van Evera, "Hypotheses on Nationalism and War", p.29.

7. Mentiras liberais (p.109-15)

1. Alexander B. Downes, *Targeting Civilians in War*, Ithaca, Nova York, Cornell University Press, 2008, p.3.
2. Robert A. Pape, *Bombing to Win: Air Power and Coercion in War*, Ithaca, Nova York, Cornell University Press, 1996, cap.4.
3. Citado em: Tim Weiner, "Robert S. McNamara, Architect of Futile War, Dies at 93", *New York Times*, 6 jul 2009.
4. Unicef, "Iraq Surveys Show 'Humanitarian Emergency'", *Information Newsline*, 12 ag 1999, disponível on-line em: http://www.unicef.org/newsline/99pr29.htm; Biswajit Sen, *Iraq Watching Briefs: Overview Report*, Unicef, jul 2003, disponível on-line em: http://www.unicef.org/evaldatabase/files/Iraq_2003_Watching_Briefs.pdf. Há quem argumente que 500 mil mortes é um número superdimensionado. Ver, por exemplo, David Cortright, "A Hard Look at Iraq Sanctions", *Nation*, 3 dez 2001; Matt Welch, "The Politics of Dead Children", *Reason*, mar 2002, disponível on-line em: http://reason.com/archives/2002/03/01/the-politics-of-dead-children. Qualquer que seja o número exato, David Rieff dificilmente está errado quando escreve: "As autoridades americanas podem se desentender sobre os números, mas há pouca dúvida de que pelo menos centenas de milhares de crianças que teriam razoável chance de sobrevivência morreram antes de seu quinto aniversário" ("Were Sanctions Right?", *New York Times Magazine*, 27 jul 2003).
5. Benjamin A. Valentino, *Final Solutions: Mass Killings and Genocide in the Twentieth Century*, Ithaca, Nova York, Cornell University Press, 2004, p.73-5, 91-117. Em sua discussão sobre o papel homicida de Hitler durante o Holocausto, Valentino observa: "Mesmo que uma fração muito pequena daqueles que pereceram nas fomes em massa sob Stalin e Mao sejam contados, cada um desses tiranos é responsável por um valor absoluto maior do que Hitler, talvez muitas vezes maior" (ibid., p.177-8).

6. P.M.H. Bell, *John Bull and the Bear: British Public Opinion, Foreign Policy, and the Soviet Union, 1941-1945*, Londres, Arnold, 1990; Martin H. Folly, *Churchill, Whitehall, and the Soviet Union, 1940-45*, Nova York, St. Martin's, 2000; John Lewis Gaddis, *The United States and the Origins of the Cold War, 1941-1947*, Nova York, Columbia University Press, 1972, cap.2; Ralph B. Levering, *American Opinion and the Russian Alliance, 1939-1945*, Chapel Hill, University of North Carolina Press, 1976, cap.3-5; Ido Oren, "The Subjectivity of the 'Democratic' Peace: Changing US Perceptions of Imperial Germany", *International Security*, vol.20, n.2, outono 1995, p.181-2; Ronald Smelser e Edward J. Davies II, *The Myth of the Eastern Front: The Nazi-Soviet War in American Popular Culture*, Nova York, Cambridge University Press, 2008, cap.1.
7. A União Soviética matou cerca de 22 mil poloneses entre abril e maio de 1940. Cerca de 4,4 mil foram enterrados na floresta de Katyn. As vítimas restantes foram mortas e enterradas em outros locais. George Sanford, *Katyn and the Soviet Massacre of 1940: Truth, Justice and Memory*, Nova York, Routledge, 2005, p.1. Entre as melhores fontes sobre Katyn e sobre como Churchill e Roosevelt reagiram estão: Bell, *John Bull*, cap.4; Allen Paul, *Katyń: The Untold Story of Stalin's Polish Massacre*, Nova York, Scribner's, 1991, cap.22; Sanford, *Katyn and the Soviet Massacre*, cap.6-7; Victor Zaslavsky, *Class Cleansing: The Katyn Massacre*, Nova York, Telos, 2008, cap.5.
8. Citado em: Paul, *Katyń*, p.303.
9. Bell, *John Bull*, p.119. Sobre os esforços do governo Roosevelt para acobertar a responsabilidade soviética pelo que ocorreu na floresta de Katyn, ver Paul, *Katyń*, p.306-15; Sanford, *Katyn and the Soviet Massacre*, p.159-66.
10. As citações neste parágrafo são de Alan Bullock, *Hitler, a Study in Tyranny*, edição revista, Nova York, Harper & Row, 1964, p.546-7. Ver também: Joachim C. Fest, *Hitler*, Nova York, Harcourt Brace Jovanovich, 1974, p.598-600; Bradley Lightbody, *The Second World War: Ambitions to Nemesis*, Nova York, Routledge, 2004, p.39.
11. Max Hastings, *Bomber Campaign: Churchill's Epic Campaign*, Nova York, Simon and Schuster, 1989, p.171. Ver também: Stephen A. Garrett, *Ethics and Airpower in World War II: The British Bombing of German Cities*. Nova York, St. Martin's, 1993, p.30-7.
12. David Bamber, "Bin Laden: Yes, I Did It", *Daily Telegraph*, 11 nov 2001; Peter L. Bergen, *The Osama bin Laden I Know: An Oral History of*

Al-Qaeda's Leader, Nova York, Free Press, 2006, p.321-2; Bruce Lawrence (org.). *Messages to the World: The Statements of Osama bin Laden*, Londres, Verso, 2005, p.140-1.

13. Michael Walzer, *Just and Unjust Wars: A Moral Argument with Historical Illustrations*, 3ª ed., Nova York, Basic Books, 2000, p.19.

8. A desvantagem de contar mentiras internacionais (p.116-34)

1. Para uma boa discussão dos custos de mentir para uma sociedade, ver: Evelin Sullivan, *The Concise Book of Lying*, Nova York, Farrar, Straus and Giroux, 2001, p.55-147.
2. Francis Fukuyama, *Trust: The Social Virtues and The Creation of Prosperity*, Nova York, Free Press, 1995; Luigi Guiso, Paola Sapienza e Luigi Zingales, "The Role of Social Capital in Financial Development", texto de trabalho n.7.563, National Bureau of Economic Research, fev 2000; Marc J. Hetherington, *Why Trust Matters: Declining Political Trust and the Demise of American Liberalism*, Princeton, Nova Jersey, Princeton University Press, 2005; Stephen Knack e Philip Keefer, "Does Social Capital Have an Economic Payoff? A Cross-Country Investigation", *Quarterly Journal of Economics*, vol.112, n.4, nov 1997, p.1.251-88; Rafael La Porta et al., "Trust in Large Organizations", *American Economic Review*, vol.87, n.2, mai 1997, p.333-8; Robert D. Putnam, *Making Democracy Work: Civic Traditions in Modern Italy*, Princeton, Nova Jersey, Princeton University Press, 1993; Charles Tilly, *Trust and Rule*, Nova York, Cambridge University Press, 2005.
3. "Transcript of Special Counsel Fitzgerald's Press Conference", *Washington Post*, 28 out 2005. O melhor livro sobre o caso Libby é: Michael Isikoff e David Corn, *Hubris: The Inside Story of Spin, Scandal, and the Selling of the Iraq War*, Nova York, Crown, 2006.
4. Ken Armstrong e Steve Mills, "Death Row Justice Derailed", *Chicago Tribune*, 14 nov 1999; Ken Armstrong e Steve Mills, "Inept Defenses Cloud Verdict", *Chicago Tribune*, 15 nov 1999; Ken Armstrong e Steve Mills, "The Jailhouse Informant", *Chicago Tribune*, 16 nov 1999; Ken Armstrong e Steve Mills, "A Tortured Path to Death Row", *Chicago Tribune*, 17 nov 1999; Ken Armstrong e Steve Mills, "Convicted by a Hair", *Chicago Tribune*, 18 nov 1999; Martha Irvine, "Illinois Governor Orders Death Penalty Moratorium", *Associated Press*, 31 jan 2000; Barry James,

"Clearing of Illinois Death Row Is Greeted with Global Cheers", *New York Times*, 14 jan 2003; Paul M. Krawzak, "Ryan Explains Moratorium Call", *Copley News Service*, 31 jan 2000; Robert E. Pierre e Kari Lydersen, "Illinois Death Row Emptied", *Washington Post*, 12 jan 2003.

5. Dwight D. Eisenhower, *Waging Peace, 1956-1961: The White House Years*, Garden City, Nova York, Doubleday, 1965, cap.23; Peter Lyon, *Eisenhower: Portrait of the Hero*, Boston, Little, Brown, 1974, p.859-66.
6 .Ver: Andrew T. Guzman, *How International Law Works: A Rational Choice Theory*, Nova York, Oxford University Press, 2008, especialmente o cap.3.
7. Ann E. Sartori argumenta que "os Estados muitas vezes são tentados a blefar, ou a disfarçar, mas um Estado que for pego blefando adquire uma reputação por fazê-lo, e os adversários ficam menos propensos a acreditar em suas comunicações futuras". Assim, os Estados não costumam blefar ou mentir devido aos danos que poderiam causar a sua própria reputação e, assim, a suas perspectivas de cooperação futura. "A perspectiva de adquirir a reputação de mentirosos – e diminuir a credibilidade do futuro da diplomacia do Estado – mantém os estadistas e os diplomatas honestos, exceto quando mentirinhas são por demais tentadoras." *Deterrence by Diplomacy*, Princeton, Nova Jersey, Princeton University Press, 2005, p.5. Concordo que a reputação importa muito para os Estados no âmbito da *low politcs* e que isso desestimula a mentira, mas, diferentemente de Sartori, não acho que a reputação seja importante quando se lida com questões relacionadas a *high politics*. Ver: Daryl G. Press, *Calculating Credibility: How Leaders Assess Military Threats*, Ithaca, Nova York, Cornell University Press, 2005.
8. Como John M. Schuessler deixa claro, no entanto, as enganações de Roosevelt na corrida rumo à guerra com o Japão atrapalharam sua condução da guerra em uma variedade de maneiras. "The Deception Dividend", *International Security*, vol.34, n.4, primavera 2010, p.162-3. Ver também: Thomas J. Christensen, *Useful Adversaries: Grand Strategy, Domestic Mobilization, and Sino-American Conflict, 1947-1958*, Princeton, Nova Jersey, Princeton University Press, 1996.
9. George Orwell, *Orwell and Politics: Animal Farm in the Context of Essays, Reviews and Letters Selected from the Complete Works of George Orwell*, org. por Peter Davison, Londres, Penguin, 2001, p.357. Orwell também escreveu: "Os nacionalistas não apenas não desaprovam as atrocidades cometidas por seu próprio lado, mas têm uma capacidade notável de nem sequer ouvir falar delas" (ibid., p.363).

10. Richard E. Neustadt, *Presidential Power: The Politics of Leadership*. Nova York, New American Library, 1964, p.134.
11. P.M. Kennedy, "The Decline of Nationalistic History in the West, 1900-1970", *Journal of Contemporary History*, vol.8, n.1, jan 1973, p.77-100; Stephen Van Evera, "Primed for Peace: Europe After the Cold War", *International Security*, vol.15, n.3, inverno 1990-91, p.23-5; Stephen Van Evera, "Hypotheses on Nationalism and War", *International Security*, vol.18, n.4, primavera 1994. Ver também: Holger H. Herwig, "Clio Deceived: Patriotic Self-Censorship in Germany after the Great War", *International Security*, vol.12, n.2, outono 1987, p.5-44.
12. Dale C. Copeland, *The Origins of Major War*, Ithaca, Nova York, Cornell University Press, 2000, cap.3-4; John J. Mearsheimer, *The Tragedy of Great Power Politics*, Nova York, Norton, 2001, p.181-90.
13. John J. Mearsheimer e Stephen M. Walt. *The Israel Lobby and US Foreign Policy*, Nova York, Farrar, Straus and Giroux, 2007, p.92-7.
14. Obras que enfatizam tanto o lado nacionalista quanto o lado realista da política externa de Bismarck entre 1862 e 1870 são: Lothar Gall, *Bismarck: The White Revolutionary*, Boston, Allen & Unwin, 1986; Bruce Waller, *Bismarck*, 2ª ed., Oxford, Blackwell, 1997, cap.2-4; Otto Pflanze, *Bismarck and the Development of Germany: The Period of Unification, 1815-1871*, Princeton, Nova Jersey, Princeton University Press, 1973.

9. Conclusão (p.135-9)

1. Minxin Pei, *China's Trapped Transition: The Limits of Developmental Autocracy*, Cambridge, Massachusetts, Harvard University Press, 2006.

Índice

ESTA OBRA FOI COMPOSTA POR LETRA E IMAGEM EM DANTE PRO
E IMPRESSA EM PROCESSO SOB DEMANDA PELA UM LIVRO SOBRE
PAPEL OFFWHITE PARA A EDITORA SCHWARCZ A PARTIR DE 2025